烟台市社会科学规划研究项目
大数据时代高校财务管理发展与创新探索

现代高校财务管理发展与创新探索

高雪艳◎著

新 华 出 版 社

图书在版编目（CIP）数据

现代高校财务管理发展与创新探索 / 高雪艳著 .
-- 北京 : 新华出版社 , 2023.8
ISBN 978-7-5166-6982-2

Ⅰ . ①现… Ⅱ . ①高… Ⅲ . ①高等学校—财务管理—
研究—中国 Ⅳ . ① G647.5

中国国家版本馆 CIP 数据核字（2023）第 165823 号

现代高校财务管理发展与创新探索

作　　者：高雪艳

责任编辑：李　宇　　　　　　　　　　封面设计：沈　莹

出版发行：新华出版社

地　　址：北京石景山区京原路 8 号　　　邮　　编：100040

网　　址：http://www.xinhuapub.com

经　　销：新华书店、新华出版社天猫旗舰店、京东旗舰店及各大网店

购书热线：010-63077122　　　　中国新闻书店购书热线：010-63072012

照　　排：守正文化

印　　刷：天津和萱印刷有限公司

成品尺寸：170mm×240mm　　1/16

印　　张：12　　　　　　　　　　字　　数：210 千字

版　　次：2024 年 1 月第一版　　　　印　　次：2024 年 1 月第一次印刷

书　　号：ISBN 978-7-5166-6982-2

定　　价：72.00 元

作者简介

高雪艳 女，汉族，会计师，本科学历，山东烟台人，鲁东大学教育信息技术部教师。主要研究领域为高校财务管理、高校信息化建设、一卡通财务管理等。主持市级科研项目1项，参与教育厅项目1项，发表核心论文2篇，参与著作2部，参与国家发明专利1项，参与发表论文多篇。

前　言

在如今全面加快发展实施高等教育战略决策的形势下，高校的招生规模也在不断发展壮大，在校生的人数也呈现一个快速上升的趋势。高等教育的快速发展是一把双刃剑，既为高校带来了发展机遇又带来了挑战。如果高校还是按照以前的模式运转，政府的拨款将无法满足高校的需求，这就需要高校在投资方面形成多元化的渠道。在国家预算管理范围内有高校经费使用的部分，在我国市场经济的建立和快速发展的影响下，以财政拨款为主的高校财务管理体制正在发生改变。

也正因为这种原因，高校财务管理的理财职能才要更加注重资金的筹集、开源节支和合理预算等方面，高校的财务管理人员应更新财务管理观念，成为有经营头脑的理财专家，而不是只做简单的算账、记账和报账等工作。

总的来说，知识经济的改革就是要使高校不仅在财务管理方面做好各项工作，还要把工作重心转移到资金的使用效率、扩展资金来源和办学效益上，以此来确保教学科研工作的顺利进行，因此研究现代高校财务管理发展与创新问题具有非常重要的实际意义。

本书立足于现代高校财务管理问题，对其发展与创新问题进行研究探索。全书共分为六大章节。第一章为高校财务管理总论，分别介绍了财务管理概述、高校财务管理的环境、高校财务管理的目标与内容以及高校财务管理的基础理论。第二章为高校财务管理中的预算管理，首先对高校预算管理的基本概况进行介绍，然后阐述高校预算管理模式中的问题，最后对这些问题给出高校预算管理模式的创新举措。第三章为高校财务管理中的资产管理，第一节为高校资产管理概述，第二节为高校资产管理中存在的问题，第三节为高校资产管理的改革举措。第四章阐述了高校财务管理中的收支管理，包括三部分内容，分别是高校收支业务管理与控制、高校收支业务存在的内部控制问题及原因、高校收支业务内部控制的改革举措。第五章为高校财务管理中的风险控制，首先对高校财务中的风险进行概述，然后介绍了高校财务风险评价和预警体系的构建。第六章为高校财务管理中的校园一卡通应用，第一节为高校校园一卡通概述，第二节为高校校园一卡通的财务管理建设。最后一章为高校财务管理发展的新探索，分别介绍了高校财务管理制度的创新、高校财务的供给侧改革、大数据支持下的高校财务管理平台建设。

在撰写本书的过程中，作者得到了许多专家学者的帮助和指导，参考了大量的学术文献，在此表示真诚的感谢。本书内容系统全面，论述条理清晰、深入浅出，但由于作者水平有限，书中难免会有疏漏之处，希望广大同行及时指正。

作者

2022 年 12 月

目　录

第一章　高校财务管理总论·· 1

第一节　财务管理概述 ·· 1

第二节　高校财务管理的环境 ·· 7

第三节　高校财务管理的目标与内容 ································· 13

第四节　高校财务管理的基础理论 ···································· 17

第二章　高校财务管理中的预算管理······························ 23

第一节　高校预算管理概述 ·· 23

第二节　高校预算管理模式中的问题 ································· 31

第三节　高校预算管理模式的创新举措 ····························· 37

第三章　高校财务管理中的资产管理······························ 42

第一节　高校资产管理概述 ·· 42

第二节　高校资产管理中存在的问题 ································· 44

第三节　高校资产管理的改革举措 ···································· 47

第四章　高校财务管理中的收支管理······························ 52

第一节　高校收支业务管理与控制 ···································· 52

第二节　高校收支业务存在的内部控制问题及原因 ············· 60

第三节　高校收支业务内部控制的改革举措 ······················ 64

第五章　高校财务管理中的风险控制··········67

第一节　高校财务中的风险概述··········67

第二节　高校财务风险评价和预警体系的构建··········82

第六章　高校财务管理中的校园一卡通应用··········100

第一节　高校校园一卡通概述··········100

第二节　高校校园一卡通的财务管理建设··········105

第七章　高校财务管理发展的新探索··········110

第一节　高校财务管理制度的创新··········110

第二节　高校财务的供给侧改革··········145

第三节　大数据支持下的高校财务管理平台建设··········154

参考文献··········182

第一章 高校财务管理总论

高校财务管理工作的顺利开展是以高校的良性发展为基础的。本章主要介绍的内容是高校财务管理的相关知识，其中包括财务管理，高校财务管理的环境、目标与内容以及基础理论等四个方面的内容。

第一节 财务管理概述

一、财务管理的概念

财务管理的含义就是指在具体的目标下，管理购置资产（投资）、融通资本（筹资）、经营过程中的现金流量（营运资金）以及利润分配等方面的工作。企业管理包含财务管理，同时也离不开财务管理。财务管理是一项经济管理工作，它主要是依据财经法规制度，遵循财物管理的原则，组织企业开展财务活动，帮助企业处理好财务关系。企业在生产过程中所需要的资金运动就是企业的财务活动。企业财务关系是根据企业资金运动而形成的企业和其他经济主体所产生的经济利益关系。

二、财务管理的特点

（一）涉及面广泛

首先，从企业内部方面来看，财务管理活动会与企业的各个环节产生关联，包括生产、供应和销售环节。企业内部的各部门肯定存在与资金发生联系的现象。企业的每个部门都要接受财务人员的指导和监督管理，包括资金的合理分配、节约资金的支出和提高资金的使用率。其次，在企业生产管理、营销管理、质量管理和人力物资管理等活动过程中，财务管理部门要能高效、准确、不间断地提供基础资料。最后，财务管理不仅涉及企业内部的环节，也会涉及现代企业外部的各种关系。在市场经济条件的背景下，企业之所以能够与各种利益主体发生各种联系，是因为企业在市场上会进行融资、投资及收益分配的过程，其中包括与其股东之间、企业与其债权人之间、与政府之间、与金融机构之间、与其供应商之间、与其客户之间以及与其内部职工之间等。

（二）综合性强大

现代企业制度下的企业管理是由多个子系统构成的一个复杂系统，这些子系统包括技术管理、财务管理、质量管理、生产管理、设备管理等。同样，其他具有一定方面的管理和大多数使用实物测量方法，对企业在生产经营部分实施的组织、协调、控制所产生的管理效果只对企业生产的经营部分起到限制作用，不可能对整个企业经营进行管理。财务管理则不同，它作为一种价值管理，是具有投资管理、成本管理、筹资管理和权益分配管理等综合性较强的经济管理活动。也正是基于这种价值管理，财务管理才能通过对资金的变化来全面及时地反映出商品的运行现状，还可以基于价值管理形态进行商品的管理，即财务管理在生产、供应和销售环节和每个环节中所涉及的人、物、财各个要素都有体现。所以，在针对企业内部的管理中，会以财务管理为重点进行检查，基于价值管理来促进、协调和控制企业的生产经营活动。

（三）灵敏度极高

在现代商业体系中，企业成为以市场为导向的独立法人实体，并成为市场竞争的主体。将经济效益发挥到最大是企业经营管理的宗旨，这是根据现代企业制度的要求以投入资本来实现保值增值决定的，也是基于社会主义现代化建设的根本要求决定的，因为企业要想生存就必须要做到能用收入来抵消支出、到期就要偿债。如果企业想得到进一步的发展，那就必须要扩大收入。在扩大收入的同时也随之带来了人力、物力、财力的增加，这都将会以资金流动的形式反映在企业财务上，同时也会对完成财务指标产生影响。由此也可看出，财务管理是管理的中心，也是管理的基础。要想抓住企业管理就要先抓财务管理，这样也就加快了管理的落实。

三、财务管理的内容

企业的主要活动可以分为四个方面：投资、筹资、运营和利润分配，对于制造企业来说，还要进行生产成本的管理和控制。从财务管理方面看，投资和融资都可从时间上分为长期和短期。因为短期筹资、短期投资和营业现金流管理关系紧密，所以经常融为一块进行讨论，因此被称为营运资金管理。综上来看，财务管理又可分为四个部分：投资管理、筹资管理、营运资金管理和利润分配管理。

（一）投资管理

企业要想生存、发展及进一步获取利润就需要依靠投资。为了能够获得更好的经济效益，在企业得到资金后，必须将资金投入使用。在开展投资管理活动时，企业应评估其投资规模，要根据选择的投资方向与方式来确定适合企业的投资结构，只有这样企业才能提高投资的效益、降低企业在投资中的风险。投资项目的不同会使得企业价值、财务风险受到不同程度的影响。企业的投资分为对内投资和对外投资。对内投资是指将公司筹集的资金用于公司的资产中，如购置固定资产、无形资产等；对外投资是指利用公司筹集的资金购买股票、债券和资助项目的经济行为，如设立新公司或与其他公司企业联营，目的是能够在未来获得投资收益的经济行为。投资项目的预期效益与投资决策、投资结构相关，如果投资决策不科学、结构不合理，那就达不到企业所期望的效果，就会对企业的盈利水平和偿债能力带来影响。企业兴衰成败的关键在于是否能正确做好投资决策、能否科学做好投资管理。

（二）筹资管理

企业要满足其生产经营、投资、发展战略和资本结构的需求，在资本市场和筹资渠道的基础上，通过筹资方式来依法有效地筹集企业所需要的资金，从而进行筹资管理。建立新企业与经营现有企业都需要筹集一定数量的资金。企业在开展筹资活动时，为确保所需资金数量足够，企业需要进行科学测算筹资总额，还要依据筹资渠道和方式的选择，来确定合适的筹资结构，从而能够降低资金成本，增加企业利润，控制相关风险。由此可见，企业财务管理的重心是筹资管理。

（三）营运资金管理

流动资产、流动负债资金的收付会在企业的生产经营活动中产生。在企业的全部资金中会发现营运资金占据的比重较大，可见营运资金是企业财务管理工作的关键。营运资金主要涉及的内容有：现金持有计划的确定；应收账款的信用标准、信用条件和收款政策的确定；存货周期、存货数量、订货计划的确定；短期借款计划、商业信用筹资计划的确定等。企业在营运资金管理的过程中要提前做好两方面规划，如何在提高资金使用效率进行流动资产的投融资过程中节约资金成本的使用，以及企业如何管理好流动负债的情况。

（四）利润分配管理

利润分配管理是指组织和管理利润分配活动以及由这些活动产生的经济关系，利润分配管理是管理销售预测和定价的过程，以及在公司内部和外部的各利益相关者之间合理有效地分配在特定时期取得的经营成果。利润是企业经济利益来源的体现，分配体现的是企业经济利益的去向，利润和分配共同构成了企业经济利益流动的完整链条。收入的初次分配填补了成本费所带来的空缺，这是伴随着再生产的进行而自然完成的；而利润分配是对收入初次分配的结果进行再分配。企业实现的净利润不仅要满足投资者的意愿，还要满足企业生产经营的需求，给投资者的分配可以将净利润作为投资收益，也可以由企业暂管形成未分配的利润，还可以作为投资者的追加投资。要想确保企业可以获得最大的长期利益，就需要财务人员合理确定分配的规模和结构。

投资管理、筹资管理、营运资金管理和利润分配管理四部分在企业财务管理中是既相互制约又相互联系的存在。筹资是企业生存和发展的基础，企业的生产经营离不开筹措资金，同时公司的投资规模也受筹资数量的限制，投资又对企业所需的筹资规模和时间起到决定作用。如果企业要想实现筹资的目的，并使其不断增值与发展，那只有将筹措资金进行有效的投放。在资金营运的基础上才能实现投资和筹资的成果，企业的日常经营活动方式和特点由投资和筹资决定，要想在营运资金方面提高使用效果，就需要对其进行合理的控制和管理。利润分配影响到投资、筹资和营运资金的所有方面，利润分配的来源是企业投资、筹资和营运资金所有方面的综合影响的结果，同时会对其产生反作用。因此，投资管理、筹资管理、营运资金管理和利润分配管理都是企业能够创造价值的必要环节，也是保障企业健康发展、实现可持续增长的重要内容。

四、企业财务关系

企业财务关系是指企业在组织财务活动过程中与各有关方面发生的经济利益关系。企业的投资、筹资、经营、利润分配等管理活动与企业内部和外部的方方面面都有着广泛的联系。企业的财务关系可概括为以下几个方面。

（一）企业与投资者

企业与投资者之间的财务关系主要是指企业的投资者向企业投入资金，企业向其投资者支付投资报酬所形成的经济关系，是最根本的财务关系。企业的投资者主要有国家、法人、个人和境外投资者。企业的投资者按照投资合同、协议、章程的约定履行出资义务，而企业利用投资者出资经营并实现利润后，按照出资比例、合同、章程的约定向投资者分配利润。企业同其所有者之间的财务关系体现着所有权的性质，反映着经营权和所有权的关系。

（二）企业与债权人

企业与债权人之间的财务关系主要是一种经济关系，当企业向债权人借入资金，支付借款合同中规定的利息并按时偿还本金时，这种关系就建立了。企业除利用自有资本进行经营活动外，还要借入一定数量的资金，以降低企业资本成本，扩大企业经营规模。企业的债权人主要有债券持有人、贷款机构、商业信用提供者、其他出借资金给企业的单位和个人。企业占用债权人资金后，要按约定的利息率及时间向债权人支付利息。债务到期时，要按时向债权人归还本金。企业与债权人之间的财务关系是体现债权性质的债务与债权关系。

（三）企业与被投资单位

企业与被投资单位之间的财务关系主要是指在企业经营规模和经营范围不断扩大后，企业以购买股票或直接投资的形式向其他企业投资所形成的经济关系。企业向其他单位投资，应按照约定履行出资义务，参与被投资单位的利润分配。企业和被投资人之间的关系是投资和受资的关系，具有所有权的性质。

（四）企业与债务人

企业与债务人之间的财务关系是一种经济关系，当企业将资金用来购买债券、提供借款或商业信用等形式出借给其他单位时，就形成了这种经济关系。企业与债务人之间的关系就是债权债务关系，当企业借出资金后，就有权利让债务人按照当时约定好的条件支付利息与归还本金。

（五）企业与往来单位

企业与往来单位之间的财务关系主要体现在企业与供应商和客户之间通过购买货物、销售产品和提供劳务等经济交往而产生的经济关系。该类经济关系主要涉及业务往来中的收支结算，要及时收付款项，以免相互占用资金。企业与往来单位之间的财务关系体现的是购销合同义务关系，在性质上属于债权债务关系。

（六）企业内部各单位

企业内部各单位间的财务关系本质上是在企业内部之间生产和经营的各个环节相互提供产品或劳务所形成的经济关系。在实行内部责任核算制度的条件下，企业供、产、销各部门以及各生产经营单位之间，相互提供产品和劳务要确定内部转移价格，进行计价结算，因而形成了企业内部的资金结算关系。

（七）企业与员工

企业与员工之间的财务关系主要指企业在向职工支付劳动报酬的过程中形成的经济关系。企业依据劳务数量和质量，并用企业自身的产品销售收入来向职工支付工资、津贴和奖金等。企业与职工之间的财务关系体现在职工与企业在劳动成果上的分配关系。

（八）企业与政府

企业与政府之间的财务关系主要体现为税收法律关系。政府作为社会的管理者，需要相当的财政收入作为保障。因此，企业应根据《中华人民共和国税法》（以下简称《税法》）的规定，向中央和地方政府缴纳各种税款。同时，政府有义务为企业提供必要的社会服务和良好的经营环境。企业与政府之间的财务关系是一种依法纳税和提供基础服务的关系。

第二节　高校财务管理的环境

环境对高校财务管理的影响不容小觑。在新形势下，高校财务管理也面临着新的变化，如果墨守成规，以传统环境为标杆进行实践，可谓刻舟求剑。因此，探讨诸多新环境的情况，尤为重要。

一、新会计准则与制度的实施

（一）改革前后的政府会计制度

我国原本的政府会计核算标准体系形成于 1998 年前后，其主要内容如图 1-2-1 所示：

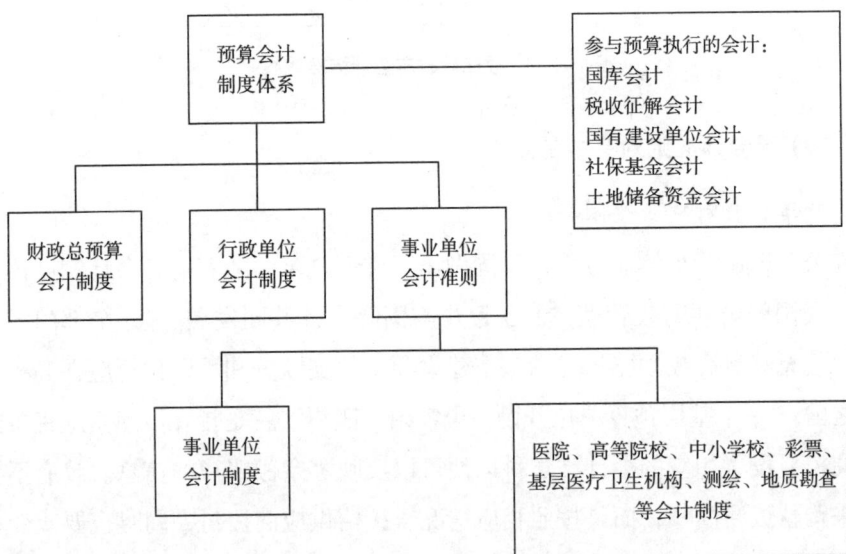

图 1-2-1　改革前政府会计标准体系图

2010 年以来，财政部为适应公共财政管理的需要，不断对已有的会计核算体系进行修订，基本满足了现行部门预算管理需要，但因现行政府会计领域多项制度并存，体系复杂、内容交叉、核算口径不一等原因，造成了不同部门、单位间会计信息可比性不高，导致政府财务报告信息质量较低。2015 年以来，财政部对会计体系进行改革，新政府会计制度的出台，使核算体系逐渐清晰，新的制度在

2019 年正式实施，对今后会计报告信息质量有很大的提升。改革后的政府会计体系如图 1-2-2 所示：

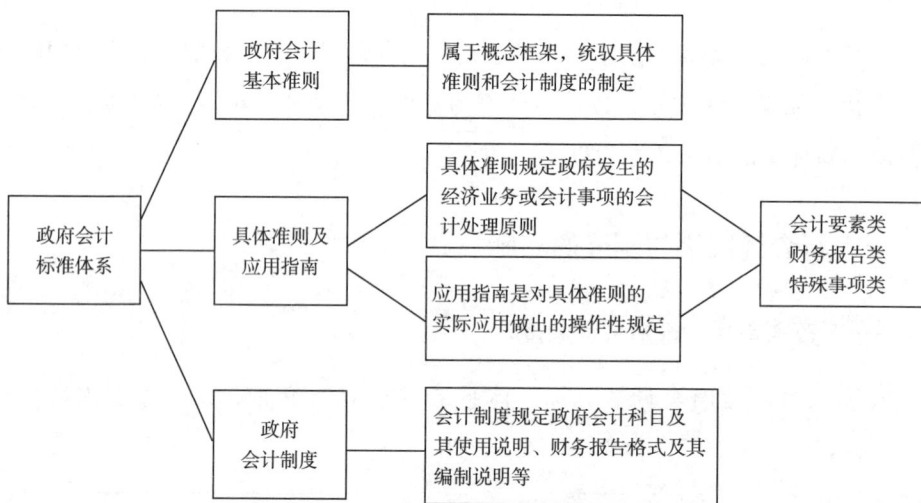

图 1-2-2　改革后政府会计标准体系图

（二）新会计准则对高校的意义

1. 改革公共财政管理体制

在公共财政管理体制方面，我国做出了许多改革，随着财务会计制度体系的完善，我国的公共财政管理体制正逐步与国际会计共同发展。"一个部门一本预算"也就意味着高校独立核算的基本建设项目收支预算和后勤预算应在高校整体预算之内；"一个基层预算单位开设一个零余额账户"就是指在国库实施集中收付后，高校要设置相应的会计类学科以便可以反映零余额账户的信息。政府不再将相应采购款拨给高校，而是按照相应情况直接给供应商拨付，同时也要改变相应业务的会计核算；为避免资产流失这一情况，要做出以下改变：第一要在原有的基础上调整固定资产分类和价值标准；第二要加强对国有资产的管理；第三在反映资产使用情况时要真实、完整；第四要对资产进行合理的配置与有效的利用。因此，要在公共财政管理体制改革需求的基础上，制订出新会计制度来对高校的会计实践进行指导。

2. 规范高校会计核算

在深化高等教育体制改革的影响下，高校的内部环境与外部环境发生了改变，经济活动也变得更加复杂。如何管好、用好教育经费，确保经费使用规范、安全、有效，是当前和今后高校会计工作的重点。加强、规范高校会计核算，以便能真实、全面和准确地反映出高校整体的资金收支状况。高校会计核算应该包括固定资产折旧核算、各种资产减值核算、各种收支按月核算及成本核算等。高校会计核算的规范是预算执行的重点，要想使得预算能够有效执行，就需按照有关规定来实施决算管理；会计核算的规范化会带来以下优势，如对于各类财政拨款资金的正确和安全使用有了保证，可以完善资金结转和结余管理，能统筹使用结转、结余资金；可以根据相关核算对象和核算方法，对在业务活动中发生的费用进行整理，从而实现细化成本核算和加强成本核算。会计科目是一种依据经济业务的内容和管理要求对会计要素的具体内容进行分类核算的科目。要想改变会计核算内容并达到规范会计核算的目的，就得依据实际应用来进行会计科目的增减与调整。

（三）新会计制度对高校财务管理带来的挑战

如今在高等教育由规模扩张到内涵发展的背景下，新会计制度也在高校经济业务的确认、计量、记录和报告等方面进行了全面的规范，这也为高校的财务管理工作带来了新挑战。

1. 工作重心从"核算型"转向"决策型"

与旧的会计制度不同的是，新的会计制度从根本上对九个方面进行了改革和创新，考虑到了高校在财务、预算、资产和成本等管理方面的需要，为高校的财务管理制定了新的更高的标准。由于高等教育的进一步发展，高等教育经费来源的渠道也在不断扩展，具体有财政拨款、收费收入、科研收入、产业收入、利息收入、贷款收入、社会捐赠等多个方面。因为高校在不断增强自我筹资能力，所以对经费使用的效果和效率更加注重。在这种情况下，高校财务管理的重点需要从管理日常事务、以会计核算为核心职能的传统观念中转变过来，必须由"核算型""事务型"向"管理型"转变，从财务工作的重点转向对高校业务运作的事前预测和计划，事中监控和事后评估、考核，以便为高校决策提供服务。

2. 强化了高校财务风险管理

新会计制度提出要对高校的负债信息加强监管，其中明确表示以下几点内容：第一要把高校的基建投资业务定期纳入高校会计的"大账"上；第二要把校内独立核算的会计信息统一纳入高校年度财务报表，从而增强高校会计信息的完整性和可比性，明确反映高校债务总额和债务构成；第三要求高校加强资产管理与财务风险防范，增加债务监控管理。

3. 强化了高校的受托资产管理责任

新会计制度新增了一些会计核算内容，在与国库集中支付、政府收支分类、部门预算、国有资产管理相关方面，要求在固定资产折旧方面进行"虚提"、在无形资产方面进行摊销，要及时向政府反映将高校资源或决策权委托给高校进行管理的效果和效率，在结转结余及结余分配的会计核算中进行全面的规范管理，从而提高高等教育所产生的社会效益和经济效益。因此，新会计制度中增加的会计内容强调了高校需要对受托管理的资源进行科学的会计核算并加以反映，这将成为主管部门客观、科学地评估高校实施的内部控制和使用受托教育资源的效果、效率和效益的基础。

4. 强化了高校成本核算与控制

与旧会计制度不同的是，新会计制度在原有的基础上进一步对高校的收支核算管理、分类核算收入和支出进行了规范管理，还要将相应的收入与支出进行配比，从而更好地强化了成本核算与控制；在新会计制度方面还进行了创新改革——引入了"虚提"固定资产折旧和进行无形资产摊销，这样能进一步地反映出资产价值，从而为高校内部成本费用管理、考核高校的资产使用效果、评价高等教育经费的使用效果和效率、评价高等学校的预算执行力提供信息支持。

5. 强化了高校预算管理

新会计制度对高校事业在科目支出的设置进行了细化改革，把原会计制度下的"教育事业支出"科目核算内容进行细分，分为四部分：教育事业支出、行政管理支出、后勤保障支出、离退休支出，这样能更清晰地反映高校各类支出的结构和信息、核算高校事业支出情况，从而满足高校预算管理的需要，为高校在内部成本费用管理和提高经费使用效率方面提供了数据支持。同时，新会计制度调整了收入和支出账户的结构，增加了财政收入和支出账户，这样所带来的好处就是既能够反映高校收支总额信息，又能够反映各种不同来源资金的收支和结转结余情况，还能够反映高校预算计划和目标的完成与管理情况。

二、知识经济时代的影响

伴随着知识经济时代的来临和不断深入改革的市场经济体制，高校将会面临新的生存环境，高校财务管理工作也将会迎来新的挑战和改革发展的机遇，其财务管理工作已不仅仅是筹资运作及核算管理方面。

知识经济是一种技术含量高、以知识为基础的经济。高校聚集了大量的人才，其发展宗旨就是以传授知识为基础，培养大量人才，从而为社会创造出最佳的效益。高校不仅是培养人才的基地，还是高新技术创新的诞生地和摇篮。知识经济的社会将是学习的社会，知识经济的时代将是教育的时代，在这个过程中，高校需要肩负起重任。高校的财务管理工作已经在高校的各项管理工作中表现出来了。

伴随着全球知识经济的兴起、网络和电子商务的发展壮大，高校的经济环境、政治环境及教育环境发生了改变，高校为了能适应当下环境的发展需要，早在20世纪末就开始了大规模的合并重组，同时这也为高校财务管理提出了新要求。高校财务管理是一项经济管理活动，以高校组织自身财务活动和处理各种财务关系为前提。随着"以财政拨款为主，多种渠道筹措教育经费为辅"的体制的确立，财务管理的主要职能表现在以下几个方面：拓宽渠道，筹措资金；编制预算，分配资金；预算控制，使用资金；资产管理，合理配置；财务报告，财务分析；健全体制，财务监督。财务管理不能只分析财务指标、研究财务信息，而应该建立一个综合财务信息系统，全方位、多角度地进行分析和研究，不能只预算编制、预测分析、决策分析及控制等，而应站在战略性高度，对一些非财务指标的业绩评价做出全面分析，同时建立高校财务管理网络信息系统等。

三、互联网高速发展

（一）信息化环境下高校财务管理的创新

要建设一个具有信息化的财务管理平台。在如今科技发达的时代，信息的传播也变得十分迅速，高校财务管理模式要想进行创新，最重要的就是建立数字信息化平台，这就要求必须站在市场的前沿，通过对第一手资料的掌握，实现实时的动态管理。基于成熟网络技术的不断发展，来搭建一个财务管理平台，从而可以随时掌握、控制高校财务的整个预算情况和各个院系的预算执行情况。

信息技术平台的搭建将使高校财务机构能够监测财务绩效工作，及时了解到财务收入和支出的实际情况，落实资金，确保资金在高校内从来源到资金流动都能顺利进行，从而能加快财务运作的速度。要想更好地利用信息平台，高校就要在第一时间将复杂多元的信息进行整合，整合后再进行信息的加工、分析，首先对初始信息进行筛选、归类和核对，以保证信息的正确性；其次要分析和判断核实后的数据，对于在这一过程中发现的问题，要提出合理化的意见和建议；最后领导基于以上步骤得出的意见和建议作出决定，调整财务计划，从而为高校发展奠定坚实的技术基础。

在高校财务管理过程中，信息能否及时反馈直接影响财务计划决策的准确性和及时性，在整个高校发展过程中起着非常重要的导向作用。高校要想对财务管理模式进行改革创新，就要做到加强对动态信息的管理，提高分析、辨别能力，加强反馈结果的准确性和及时性，以便更好地服务于高校财务建设和高校教育建设。

（二）网络经济环境下高校财务管理的创新

1. 内容创新

正是因为网络经济的到来，高校财务管理才变得更加方便快捷。具体表现在以下几方面：第一，做好高校财务收支两条线的管理是基于网络的便捷性。学校要把每年的各项经费收入都录入财务管理系统中，依据自身财务情况及发展目标做好资金预算。第二，高校应使用财务信息系统来管理国家分配的专项科研基金，以确保资金的正确使用，并提高高校科学研究的质量。第三，在网络经济环境下，传统的以单一货币计量的会计方法正在被打破，支付方式也逐渐向电子信用卡、电子支票和电子现金方式转变。

2. 软件创新

为了能更好地适应当下网络经济的发展需求，高校财务管理的各个方面都在进行改革创新，如管理内容、模式和工作方式。同时这也要求高校在满足自身经营与管理需求的情况下，强化对外联络工作，积极进行高校财务管理软件的创新工作。财务管理的软件创新是以网络为前提运行的，因此高校要想全面完善在网上办公的情况，就必须实现从局域网到互联网的转变。在网络化环境的条件下，高校财务管理软件应具有明显的移动办公和网上办公的功能，强化财务管理的模块化功能，使其不再受时间和空间的限制，最大限度地保障高校财务的安全，确保高校教学科研活动与财务资源配置的同步协调，实现资源的合理配置。

3. 工作方式创新

高校要依据自身发展的实际情况来积极展开财务管理工作方式的改革创新。也就是说，受网络经济环境的影响，办公场所由原来的固定化逐渐变为虚拟办公，这极大方便了教师的办公方式，不仅为教师的日常工作带来便利，也在一定程度上加强了高校开展财务工作的透明性。此外，高校财务工作者也不再受时间和空间的限制，可以随时随地进行正常办公，还能实时掌握各下属单位资金的使用与管理情况，还能在线监控下属及外联单位的财务往来，实时监督款项余额。在互联网的支持下，提升了高校的工作效率，促进了各方业务往来、加快各类报表的处理速度，达到了创新高校财务工作方式的预期效果。

4. 管理模式创新

在高校办学中心的不断下移的背景下，传统方式下的预算管理模式被改变了。二级学院预算将是高校预算管理的起点，在此基础上完善财务管理及自身管理的各项经营活动与内容；同时高校还要健全自身的预算管理机制并加以完善，保证制定的制度是合理、科学和民主的，使高校财务管理模式的有效创新得到促进与发展。

第三节　高校财务管理的目标与内容

一、高校财务管理的目标

高等院校进行财务管理应有明确的目标和规划，其目标以高校发展为根本遵循，紧紧围绕高校发展总目标开展工作。高校财务管理目标需要根据高校的总发展目标进行调整或重新规划，目标应根据高校的公益性、教育性、服务于国家的特定内涵，从以下几个方面进行阐述。

（一）目标内容

1. 保障高校各项经济业务良性运行

高校财务管理部门作为高校的二级职能部门，实现高校各项经济业务良性运行、风险可控是其基本职能；建立严格规范的财务管控系统并有效落实是高校各项经济业务良性运行的基本保障；建立完善的管理制度和实施有效的控制手段是做好高校财务管理工作的基本前提。只有建立了运行有效的财务管控系统，加之持之以恒地大力推进、有效落实，才能助推高校教育事业蓬勃发展。反之，则会制约高校良性运转。因此，建立行之有效的财务管控系统对高校来说至关重要。

2. 促进高校治理现代化建设

新时代下的高校财务工作肩负新的使命。十八届三中全会上，习近平总书记提出推进国家治理体系和治理能力现代化是全面深化改革的总目标。《国家中长期教育改革和发展规划纲要（2010—2020年）》中指出要"完善中国特色现代大学制度，完善治理结构"。大学治理要与国家治理的发展方向保持一致，以推进大学治理体系和治理能力现代化建设为目标。大学治理，主体是大学的行政机构，以校长为核心的行政力量在治理中发挥主导作用。高校财务管理部门作为高校的二级职能部门，在高校推进治理体系、治理能力现代化进程中，该扮演什么样的角色，发挥什么样的作用。作者认为，新形势下高校财务管理工作要在高校治理现代化进程中发挥应有作用，首先要自我改革和发展（即高校财务管理工作首先要实现财务治理现代化）。

（二）影响高校财务管理目标实现的因素

时代在进步，社会在发展，新时代高校财务管理工作已经发生了翻天覆地的变化，高校财务管理工作正向资金运营安全化、管理模式多元化等方向迈进。因此，高校财务部门在开展实际工作过程中，要不断强化高校财务管理质量与手段，从关注资金使用进度向关注资金效益转变。通过深化机制、体制改革，强化财务管理专业人员队伍建设，完善财务分析、评价、考核等途径推动高校财务管理目标实现，从而推进高校教育事业良性运行。作为高校经济业务和管理活动开展的基础与支撑，高校财务管理工作必须要制订周密的财务工作计划，并随着社会经济建设的需要、高校教学、管理工作的实际情况进行调整。

1. 社会效益

现阶段，中国高等教育运行机制正由关注传统社会效益向服务于经济社会建设转型，传统的教育、教学机制和财务管理理念正逐渐被颠覆，更为有效的财务管理模式应运而生，从实际应用的视角实现单纯的教学服务向教学效率的多角度提升转型，为后续的管理领域的拓展奠定基础。

2.融资渠道

过去，政府财政资金投入是维持高校正常运转的主要资金来源。现阶段，原有的单一筹资体制已不能适应新形势的发展，筹资渠道的多样性正成为高校发展的必然选择。高校在选择筹资渠道和进行多渠道筹资过程中，必须充分考虑主客观情况，从学校实际出发，做到既积极又稳妥，避免债台高筑，引发债务危机。在筹资方案的取舍方面，要客观衡量不同渠道筹资的风险，避免盲目筹资；要充分比较不同渠道的筹资成本，确定最佳资金结构，力争实现资金成本最小化；要建立有效的筹资组织，要在"开源"的同时抓好"节流"，最大限度提高资金的使用效益。高校财务部门应及时转变管理理念，充分结合学校实际情况，对筹资方式、筹资组合充分论证，制定科学有效的筹资方案。偿债计划的制定要考虑学校的实际偿债能力和偿债成本，确保在获取所需资金的同时，做到风险可控。高校财务管理部门在做好日常财务管理工作的同时，要加强各部门协调联动，最大限度盘活学校各项资源，提升学校融资筹资的吸引力，为学校能够获取更多更优质的资源奠定基础。

3.融资环境

高校原有的融资方式比较单一，以政府担保的信用贷款为主，也有一部分学校在学生宿舍、教学楼、实验室等非经营性基础设施建设项目采用 BT 模式。随着《预算法》《国务院关于加强地方政府性债务管理的意见》等一系列文件的出台，不断强化地方政府债务管理。"修明渠，堵暗道"是当前政府债务管理的政策导向。各高校原先直接通过银行贷款获取基础建设融资的方式已成为过去。发行地方政府专项债券将成为目前乃至将来很长一段时间内高校获取基础建设资金的最合规、最有效的融资方式。因此，高校财务部门应加强政府债券政策的学习、领会，弄懂、弄通债券发行的内涵和政策背景，熟练掌握债券发行的条件和步骤。根据学校实际需要，充分考虑偿债能力，申请发行做好翔实的偿债计划并确保落实到位。对近年来高校发展过程中遇到的资金瓶颈以及政策变化，高校财务部门应及时转变工作思路，积极运用政策红利，在筹措所需资金的同时，强化资源整合，内培外引，真正实现良性运行。

4. 教育成本

为有效提高资金效益，高校财务管理部门在开展常规工作的同时，要不断引入成本理念，特别是 2019 年政府会计制度的实施和《事业单位成本核算基本指引》（财会〔2019〕25 号）的颁布，为高校教育成本核算、分析、评价提供了制度和政策支撑。高校财务部门应加强政府会计制度、事业单位成本核算基本指引的学习，不断强化成本理念，明确成本内涵，将有效成本控制、成本效益提升作为主要的管理目标，不断探索提升整体办学效率的方法，充分发挥人、财、物整合的杠杆作用，着力推进高校教学水平、教学质量的提升。

5. 绩效分配

当前，高校财务管理分配理念已从原来吃大锅饭向预算绩效管理转变。这种理念的转变是中国高校财务管理发展的重要成果，也是助力整个国民经济社会效益稳步提升、贡献巨大力量的有力见证。因此，高校财务管理部门要进一步强化对高校绩效分配考核、考评体系的深入研究，为高校营造和谐生态氛围做出贡献。

二、高校财务管理的内容

高校财务管理的本质就是高校控制经济活动、实现财务目标的过程，即高校财务控制。其内容涵盖资金筹措、资金分配和资金使用，涉及测算、分析、评价、决策、实施、控制及监督等多个环节。财务控制与财务管理密不可分，财务控制围绕财务管理目标对所有的财务管理行为进行管控。

（一）资金的筹集

高等院校有多个筹集资金的渠道，其中最主要的就是政府财政拨款、学费收入，另外还可以通过申请科研资金、接受社会资助等方式。所筹资金的预测和实施是筹资管理的重要环节，即高校的财务管理需预先做好筹资方案，对筹资项目和筹资总额有正确的预估，然后再落实筹资活动，获取所需资金。

（二）资金的分配

资金分配是学校对结合发展规划、资金需求所安排的资金预算的资金投入。这项管理活动涉及财务管理中资金支出总数的预测及资金投向的决策等。

（三）资金的使用

这项管理活动以资金分配为前提，主要体现在对支出资金的管控。按照项目资金预算落实资金投入，并在使用的过程中严格监控资金动向，把控资金流向。资金的使用涉及财务管理中的控制和分析，控制各种情况的预算支出，对资金的使用情况做出分析评估并纳入考核。

第四节　高校财务管理的基础理论

一、委托代理理论

（一）理论的起源

20 世纪 60 年代末至 70 年代初，众多经济学家就企业内部信息不对称和对代理人的激励问题发展出了委托代理理论，该理论是契约理论发展以来产生的最重要的一项理论，用于企业分析，被广泛应用于各个社会科学领域。这项理论的中心任务就是，在信息不对称和利益冲突的双重不利形势下，研究委托人该如何做出最优契约计划来激励代理人。

现代经济学之父亚当·斯密的《国富论》与委托代理理论有很大的思想渊源，他在这本书中阐述了与企业管理相关的观点，他认为在股份制公司中由于使用的资源、资金都不属于自己，因此，经理人不可能像合伙人一样做到自觉管理企业，而这会导致管理松懈、资源浪费等现象的发生。这种观点就涉及了代理问题，将投资者和经理人不一致的利益问题揭露出来。到了 20 世纪初，这种问题因大量大规模开放型公司的出现变得非常突出。伯利和米恩斯合著的《现代公司与私有财产》[①]一书中认为管理者的权力越大，越有可能对其他资本拥有者的利益产生更大的风险。如果管理主体的控制权与所有权一直处于分离状态，极有可能会导致管理者对管理主体权益的侵蚀。因此，管理主体对管理人即代理人的有效监管、控制措施成了众多经济学家研究的话题。

---

① 阿道夫·A.伯利，加德纳·C.米恩斯.现代公司与私有财产[M].甘华鸣，罗锐韧，蔡如海，译.北京：商务印书馆，2005.

（二）基本观点

委托代理问题的出现究其根本原因就是信息不对称。在经济发展和分工专业化的共同作用下，委托代理关系随之产生。委托代理关系是一种契约关系，当委托人和代理人获取的信息完全对等且共同分担经营风险时，二者就形成了最优契约关系，这种情况下代理问题不会出现。但在现实社会中，二者的信息具有非对称性，且目标函数彼此不同，无法满足最优契约的条件，导致代理问题的出现，在这种情形下，代理人的全部行为由委托人负责。

信息对称时，委托人能有效获知代理人的各种行为，代理人也能够预知委托人对自身行为的奖惩措施，因此会严格自我约束，代理问题出现的概率大大降低。而当信息不对称时则相反，委托人无法及时获知代理人的行动，也无法通过剖析导致代理人发生行为的内部、外部各个层面的原因而做出相应对策，只能通过建立合同、契约激励代理人实现自己的发展目标。

约瑟夫·斯蒂格利茨认为，企业内部的委托代理关系一般是股东与经理层的关系，即委托人和代理人的关系，也可以说是企业所有者和经营者的关系。但实际上，每一个管理层级都存在这种委托代理关系，企业可以看作委托代理关系多重集合存在的集合体。委托人通过采取预算限制、审计监督、激励制度、设定权限额度等必要的监督和保证措施有效降低代理成本。

（三）委托代理理论在高校财务管理中的应用

我国高校管理中委托代理关系有两种：第一种是上级主管部门与高校的代理关系，第二种是高校内部上下级之间的代理关系。对于第一种委托代理关系而言，上级主管部门是委托人，高校扮演着代理人的角色，当信息不对称时，高校的利益将随着其发展独立出来一部分，导致二者利益不一致。在第二种关系中，学校为委托者，其上级和下级皆为代理者。

我国高校财务管理体制围绕两个核心进行改革：第一点是赋予高校管理者最大的自主权，使其能够做好高校财务管理工作；第二点是以保证国家利益为前提，监督并约束高校财务管理者的一切行为。在高校财务管理工作中，应坚持权利、责任、利益三点统一，建立完善且有效的激励机制和约束策略，以使代理人发挥最大的积极性和能动性，按照委托人的要求开展管理行动，预防代理人利用信息优势滥用职权、谋取私利。

高校主要的激励机制为报酬，包括工资绩效及岗位津贴等。固定工资是其中最为稳定的收入项目，是所有职工的基本保障，在一定程度上满足了高校职工规避风险的要求，但其对高校职工的激励作用十分有限。绩效与代理人的能力、业绩、品德及工作态度息息相关，有较大的促动作用，但也存在一定缺陷，容易导致职工的短视行为。固定工资、岗位津贴，加上科学考核绩效，能够最大限度激发职工的工作热情。

现代公司制企业的高级管理阶层通常由董事会、股东大会、监事会及经理人员构成，各个层级部门权力分离，互相制衡，最后由企业法人综合治理。该管理模式充分体现企业所有者、其他利益相关者和高层管理人员三者之间的牵制关系。在这种管理模式中，企业所有者与其他利益相关者通过相关约束性的规章制度对高层经理人员形成了有力的约束。高校的管理机制与之相似，需要在高校内部建立完善的监督机制和约束机制，依照相关法律法规建立行之有效的管理制度，实现政府和高校、高校和二级部门、职能部门与职工的权力分离，真正建立各个层级之间的有效制衡、有效监督。

二、权变理论

（一）理论的内涵

20世纪60年代末70年代初，以经验主义学派为基础，新的管理理论即权变理论发展起来，权变理论是西方组织管理学中以具体情况及具体对策的应变思想为基础形成的一种管理理论。

20世纪70年代，美国经济滞胀，政治、社会秩序陷入混乱，石油危机严重制约西方社会的发展。该时期的企业处在极其不稳定的经济环境中，以往普遍适用的各种管理理论在这时力不能支，人们逐渐发现仅凭一套"最佳"的管理方案就能够解决眼下的经济发展问题已不可能，必须根据实际情况因势利导，运用各种适合的管理方式处理各项问题，形成所处环境决定管理方式的理论，即权变理论，这种理论受到广泛重视。

权变理论的核心是指世界上没有一成不变的管理模式，认为无论是内在条件还是外在因素，不同组织都不相同，因此，在进行管理时没有哪个原则或管理方法能够应对所有情况，企业在进行实际的管理决策时，应综合考虑自身的内部和外部的发展情况随机应变，而不是寻求一劳永逸的管理方法。管理不仅是一门理论，还是一种具有强大的实操性的技术，更是一门艺术。权变管理能够体现出管理的艺术，高明的管理艺术具有善于应变的特点，能够在瞬息万变的外界环境中根据自身状况，及时调整应变决策，抓住各种发展时机进行发展。

权变理论是一种行为理论，认为没有哪种办法在组织企业、制定决策等方面是最好的管理策略。这种行为理论的组织形式和领导团队的决策更多地受企业内、外因素的影响。

（二）权变理论在高校财务管理中的应用

如今全面变革的世界正在形成一个以知识为基础的社会。高校就是一个系统工程，在这其中有不断变化的管理对象和不断在发展的管理理论与技术。这不仅体现在与高校管理相关的教育学、教育管理等理论的发展上，也体现在与高校管理理论相关的其他学科上，如系统论、控制论、信息论、电子计算机论等，都在不断丰富着大学管理理论。

权变理论的核心理念是实施动态管理，权变理论中认为并不存在某种管理方式能在其不变的情况下满足任何发展阶段的需要，强调从持续发展的角度灵活进行管理工作。对于高等院校的财务管理来说，在权变理论中最基本也是最精华的三个观点分别是：（1）管理无最佳模式，指的是对于学校的财务管理而言，通用于所有发展阶段且效果最好的管理办法并不存在；（2）情境管理，在同一情境中并非所有的管理方法都能够产生相同的效果，其发挥的影响和作用与情境的实际情况及结构设计息息相关，还与方式本身和情境的联系有关；（3）具体问题需要具体分析，在选择管理方式、制定相关决策时都必须先仔细分析所处情境中发生的重大事件。因此，高校的财务管理应将权变理论作为重要依据，根据自身的实际发展情况，结合发展目标，灵活选择、应用和调整管理办法，保持学校的管理处于稳定、健康的状态，以便能够在外部环境发生变化时能够及时做出相应调整，使学校进一步完成创新，顺利发展和改革。

随着高等教育体制的不断改革，经济市场越来越复杂化，高校面对着高风险、高收益的经济市场，在原来公益性、非营利的属性基础上增加了产业性属性，虽然其主要资金来源还是国家投入，但逐渐形成了多元化筹资模式，现已发展成了多元化的筹资主体。处于市场经济背景下的高校虽开辟了多领域、多渠道的筹资渠道，但作为公益性的教育单位，高等院校是不可以完全依靠举债获得发展资金的，也不可以过分扩张而导致财务危机，应在经费短缺和规模、发展的双向矛盾中构建科学的财务管理模式，有效利用有限的资源保障学校的正常运转和教育事业的稳定发展。

三、集权和分权理论

西蒙认为，组织中集权和分权应参与渗透到决策的过程中，组织集权做出的决策才是有效的，同时，分权对于组织内的决策过程也十分必要。他还认为，并不是只有直线指挥人员具备制定决策的权利，应在决策过程中综合考虑参谋人员和直线人员提出的决策建议，预估决策结果选择最终的决策方案。

我国高校财务管理机制采用集权制，财务的决策权掌握在校级领导层。高校在进行财务管理时，若按各个学院的发展预算实行资金的划分，学院无法灵活使用资金，办学的积极性将大量消减，不利于学校的整体办学和发展；若学校放大各个学院的权力，则有可能导致学院各自为政。因此，学校只有在这两个问题之间找到平衡的办法，才能够解决这一管理问题。在学校资金全部纳入财务大账统一管理的前提下，可以下放给学院以下几项相关管理权：（1）在财务收支计划与学校预算一致的情况下，学院将获得学校分配的预算经费和其他资源；（2）当学院的各项经费管理办法与学校层面没有冲突时，学院有权进一步细化二级管理的实施细则；（3）当学院的经费实行学校统一管理时，学院获得管理本级经费的权利。高校无论采取何种财务管理机制，都应与自身规模、性质及其他各项资源相匹配，充分考虑自身财力状况，建立适合自身持续发展需求的财务管理体制。

四、管理幅度理论

（一）理论的含义

管理幅度即直接向管理者汇报工作的下级人数，也被称作控制宽度，这个概念最先由古典管理学派提出。20 世纪 30 年代，英国的林达尔·厄威克从各个代表性观点中，归纳总结出了八项组织管理工作的原则，管理幅度理论占据其一。他指出，领导人员管理的幅度有限，直接下属最好不超过5～6人。现代组织理论吸收了之前的各种研究成果，明确了管理幅度的指导思想，即管理幅度有限。有效管理幅度受几个基本变量的影响，包括管理者、被管理者的工作内容、工作能力、工作性质、工作环境、工作条件等。

（二）管理幅度理论在高校财务管理中的应用

高校的财务管理同样可以应用管理幅度理论。改革之前，高校的管理体制一直存在规模小、职工少、职能不全及管理简单的特点，因此可以被集中管理、统一领导，高校的财务管理与此相符，财务的一切管理权力高度集中于学校的校级管理部门，对以下两个方面有积极的影响：一方面，资源集中管理，以便学校好办事、办大事；另一方面，提高了高校对下属单位整体的宏观调控能力，有助于高校各项事业发展。高校的规模随着扩招而不断扩张，学校的建设更加丰富，高校的管理也将日趋复杂，这时，从客观上来讲，原本的管理模式会导致管理效率很低。因此，高校为加强管理，就必须对管理幅度进行调整，丰富管理层次，将管理重心向下转移到下属学院中，使其拥有财务权及人事权。高校和下属学院之间实施两级财务管理模式的目的，就是制定出最佳的财权分配方案，同时满足高校调控学院和学院自主进行财务管理的需要，促进各个学院办学的积极性，提高学校资金、资源的利用效率，实现"宏观调控，微观搞活"的管理效果。只有重新构建高校内部的组织结构，根据各个学院的情况重新划分其功能，将高度集中的财务管理权力下放各个学院。

第二章 高校财务管理中的预算管理

如果高校想要提升在资金方面的合理利用性，那就需要做好前期的预算管理工作和分配及规划工作。本章主要介绍的内容就是高校财务管理中的预算管理，并对其基本情况、高校预算管理模式中的问题、高校预算管理模式的创新举措进行详细介绍。

第一节 高校预算管理概述

一、高校预算的概念

在《高等学校财务制度》这一文件中就提出："高校预算是由收入预算和支出预算组成的，是高等学校根据事业发展目标和计划编制的年度财务收支计划，是高校在近阶段发展和规划的体现。"高校的预算管理是基于学校的财务预算为基础上展开的，在收入与支出的分配上对学校教育、科研、行政管理及考核等各个方面进行监督与管理工作。高校的预算管理主要有以下几方面：预算编制、预算执行、预算控制及预算评价等。

二、高校预算的分类

（一）以预算属性分类

1. 收入预算

收入预算是对高等教育机构在一年中可能以各种方式和渠道获得的用于学术研究、教学和其他活动的非偿还性资金的收入计划，主要包括经营收入、财政补助收入、事业收入、上级补助收入、附属单位上缴收入和其他收入。

收入预算是高校在本年内可以将所有资金进行分配，并用在事业计划和实现战略目标上的资金，这也表现出高校获得经费的渠道来源，也将高校获得经费的能力和经费组成结构反映出来，可以看出，收入预算是高校预算编制的基础。

2. 支出预算

支出预算是一种支出计划，表现在高校在年度内用于开展教学、科研及其他活动的支出，包括基本建设支出、经营支出、事业支出和对附属单位补助支出预算。

支出预算在高校预算中占据重要地位，这在一定程度上也反映出高校的发展方向、速度与规模。学校预算编制的重要组成部分有支出预算和收入预算，这两者缺一不可。不能只注重支出预算的编制而忽略收入预算。收入预算是所有财政收入的总和。如果资金未落到实处，就不可能完成全部的支出预算，这也将影响到学校战略目标的实现。

（二）以预算管辖范围分类

基于预算管辖范围的基础上，可以分为校级预算和所属各级预算。

学校是校级预算的主体，校级预算是对学校整体的各项支出和收入进行预算编制。所属各级预算是各个部门在学校预算和下达任务的基础上，对本部门的收入与支出进行预算编制。

三、高校预算管理的作用

（一）提高资源配置效率

预算可以将高校的目标、行动方法和策略细化，在实际工作中按照提前预算的轨迹执行，达到期望效果，预算管理向资源配置提出要求，必须优化高校的资源配置，进而提高资源配置效率。例如，将高校的经费来源分为财政拨款和自筹，高校对这部分经费进行初次资源配置决策，下发到各院系、各部门则可以进行二次资源配置决策，优化改善二次资源配置，可以提高初次资源配置效率。高校的资源有限，有重有轻、公平合理的资源配置，可以让高校发展达到事半功倍的效果。

（二）合理控制财务风险

为了使教学活动能正常进行，高校需要核算该活动中所消耗并花费的物化劳动和活劳动的价值，计算出运行成本，并将其作为价值补偿的依据。在高校逐步成为独立主体的环境影响下，随之而来的是高校也将迎来更多的风险，其中影响最大的就是高校过度负债的财务风险问题。高校为了谋求发展，可以进行适度举债来解决燃眉之急，若不恰当地进行预算控制，就会使高校过度举债，从而给高校带来财务危机，影响高校的正常发展。

因此，高校需要有预算评价指标，只有这样才能对高校的财务发展潜力进行考核和评价，衡量高校的负债和风险承受的能力。一个可以有效避免或降低高校财务风险的方法，就是依据真实的核算来对高校财务运行边界进行预报。使预算执行部门做好计划的有效方法就是以绩效管理作为高校预算管理的约束激励手段，为了使资源约束实现与高校发展目标保持一个平衡状态就是用量化和非量化手段，这样才能有效避免盲目发展给学校带来经营和财务的风险。

四、高校预算管理的原则

能够保证高校各项事业的发展是经费的投入。教育行政部门的一项重要工作就是对高校的经费预算加强管理、既科学又合理地分配经费，这对于高等教育事业的发展有着十分重要的作用。

（一）调整投向，优化结构

要在高校不断发展与变化的基础上，编制省级的高校年度经费预算，对于经费的投向要不断地进行调整，确保紧跟时代变化，优化经费的支出结构，充分发挥经费投入杠杆的调节作用，加强促进高校各项事业的健康发展。

1. 高等教育和其他教育的支出结构

省级教育预算经费按大类划分，主要分为高等教育经费预算、基础教育经费预算和中等职业教育经费预算等几方面。在对整个省级教育经费预算进行编制时，要提高教育支出在整个财政支出中的占比，还要对各类教育之间的经费比例加以合理调整。省级高校经费预算是整个教育预算的一个重要组成部分。在财务部门核定的教育经费总量确定的情况下，高等教育经费与其他各级各类教育经费是此起彼落、此起彼伏的关系状态。

2. 高等教育内部支出结构

年度预算保障着高校的事业发展，也对高校事业发展起着调节作用，经费的投向和支持力度也对某项事业的发展有着一定程度的影响。经费预算编制需要着重注意的就是怎样才能合理调整高校内部的支出结构。优化高等教育内部支出结构，就是要从高校改革与发展的大局出发，协调好各方面的关系，合理确定各项目经费投入的关系，使经费投入和事业发展的统一规划相一致，促进学校各项事业的协调和可持续发展。从宏观上主要把握好以下几个关系。

（1）硬件投入和软件投入的关系。

高校的硬件投入主要包括以下几部分，如土地征用、基本建设和设备投资等方面的费用，软件建设主要包括教学科研、师资队伍建设等方面的费用。它们在学校的发展中有着十分重要的作用，硬件建设与高校的办学条件有关联，软件建设与教学科研水平有关联，两者能够共同促进学校发展，有着相互配合、缺一不可的关系。因此，高校要正确处理硬件与软件建设的关系，只有这样才能在核定经费项目和资金数额上，对学校的整体发展起到促进作用。高校为了能够满足每年扩招的需求，将大量的资金都投向了基本建设等方面。高校还应该随着教育发展形式的变化来做出调整，如经费的投向要由以前的侧重基础设施变为侧重网络、学科、师资、实验室和人才等方面转变，从而更好地推动高校不断上层次、上水平。

（2）当前利益和长远利益的关系。

在处理当前利益和长远利益的关系上，不仅要加快解决当前的急迫问题，还要考虑到关于学校能够长远发展的项目。就目前来看，最为急切的问题是高校校内津贴和建设发展的关系问题。高校若想要自行制定教职工的津贴发放政策，只有具有较大的办学自主权时才可以。要想吸引和留住人才，建设一支稳定的教师队伍，那只有适当提高校内津贴标准。但津贴标准过高势必会造成人员经费开支大、公用经费相对减少、学校建设项目减少的情况，从而对学校的长远发展带来影响。因此，需要学校依据财力来做到两方面都能兼顾的情况。

（3）教学科研投入和行政后勤投入的关系。

高校在资金的投向上要重点支持教学科研，因为高校的中心是教学科研。学校发展的基本保障是行政和后勤，同时它作为学校的管理部门，也对教学科研起着支撑作用，因此也需要有足够的资金加以保障支持。但从整体方面上来看，应该尽量减少在行政和后勤等方面的消耗性支出，在教学和科研方面加大更多资金的投入。

（二）保证重点，集中投入

高等教育不是义务教育，要遵循非均衡的发展战略，这也决定了高等教育的财力投入需要做到集中化和目标化，以确保有所为有所不为。下面以某省为例子，其对高校进行重点投入主要在以下三方面体现出来。

1. 重点大学建设经费

重点大学的建设经费顾名思义，就是对省内的重点骨干大学进行扶持，某省主要是对省内十所大学进行扶持。根据重点骨干大学的定位、目标、性质和任务的不同，所得到的资助强度也各不相同，总体分为三种情况：

（1）对于"211工程"和省部共建学校，要根据国家的相关要求来落实专项资金或配套资金。"211工程"和省部共建是某省高校实施的最重要的工程项目，它对于全省高校有着示范和引领作用，因此，要重点保证在资金方面的投入。

（2）对于具有博士授予权的高校，其经费的投入水平要高于不具有博士授予权的高校投入水平。博士生是高校培养的最高层次的人才，其所需要的资金也要明显高于其他层次的学生。

（3）对于没有取得博士点授权的高校要给予适当的资金支持。虽然这类院校中没有培养博士生的任务，但其作为重点骨干大学，也同样承担着为地方经济建设服务的重任，需要根据学校的具体情况给予支持。况且，这些学校通常具有强大的办学实力，学校建设的重要任务是争取博士授予权，也只有通过经费的支持才能使学校早日实现这一目标，同样这也是整个高等教育事业发展的需求。

总之，需要根据省内不同重点骨干大学的情况，给予不同层次的资金支持，这样才能使有限的经费发挥最大程度的使用效益，也是坚持"突出重点，集中投入"的具体体现。

2. 重点学科建设经费

使教学科研得以全面发展的一个有效途径就是要以学科建设为重点，但在其建设过程中，不能一味地去选择各方面均衡发展、一起前进，而是要选择有实力、条件好的学科，在这些学科上进行资金的重点扶持。

3. 重点项目建设经费

重点项目建设经费是对所有高校中的重点项目和事项资助的经费，主要体现在以下四部分。第一是实验室建设经费，用于购置教学科研设备等。第二是科研项目经费，用于资助一些重点科研项目研究。第三是人才培养和引进项目经费，用于教师进修、出国培训及引进人才的科研支持等。第四是基本建设和大型修缮项目经费，用于校舍新建改造和基础设施建设。因为每个学校有不同的实际情况，所以各重点项目内容也不一样。一般重点项目都是由高校提出申请，由省级的教育行政主管部门进行核定。高校在申报重点项目时，要从单位的实际情况出发，认真进行分类筛选。省级教育行政主管部门要综合考虑高校上报的重点项目，依据财力和项目的具体情况进行资金数额的核定。

此外，还有一些特殊事项经费，如承办全省大学生运动会、举办国际性学术会议、遭受重大自然灾害等给予的补助等。

高校是一个独立的主体，要在保证重点投入的前提下，做到统筹兼顾，也要适当给予非重点大学和非重点学科等的经费支持，从而促进全省高等教育的全面发展。

（三）区别对待，分类核定

依据经费的使用性质，高校经费大体分为两类：第一类是正常经费或基本经费，主要包括教职工工资、福利费、校内津贴、学生奖助学金等人员经费；公务费、业务费、教学设备费等公用经费，人员经费和公用经费主要用于学校维持正常运转。第二类是项目经费，主要用于教学、科研、基础设施方面项目建设的经费。在这两类经费中，占财政拨款比重较大的是正常经费。因此，如何分配这部分经费就成了一项十分重要的工作。

在"基数加增长"经费分配办法的长期影响下，学校的正常经费成为一个较为固定的基数，并向凝固化方向倾斜。为了使这种情况得到改变，某省推出了"零基预算"的经费分配办法，就是将原有的高校经费基数打破，根据学校发展的新情况和因素核定其正常经费。但是受到各学校之间差别较大，情况复杂的影响，要想打破原有的经费基数，依据新的因素分配正常经费还存在巨大的难题，就目前情况来看，现在高校的经费分配还在受原有经费基数的影响。为了突破这一难题，要加大改革力度、创造积极的条件，逐渐形成真正意义上的"零基预算"办法。

实施"零基预算"办法，主要应考虑以下三个方面的因素。

（1）学生人数。

培养高层次的专门人才是高校的主要任务，在校生人数与学校所需经费数额存在正比关系，在校生人数越多，所需经费数量就越多。因此，学生人数应是核定正常经费的最基本因素。

（2）学校类别。

高校的类别不同也会导致其办学成本不同、对经费需求的不同。学校的类别一般分为理工科、医学、农业、综合、文科、师范、艺术等几大类。从经费需求方面看，尽管学校的类别有着很大的差异，但职工工资和学生的奖、助学金都大体相同，最主要的区别就在于实验室建设和教学科研设备等方面。因此，要根据各类别院校的经费需求不同来制定经费定额标准。伴随着高校学科专业结构的调整，大部分高校都在向综合性方向发展的趋势转变，比较普遍的就是学科相互交叉现象，如经济类院校中设有理工科专业，理工类院校中设有文科类或艺术类专业等。在核定各类高校的正常经费基本定额标准时，要在专业交叉的实际情况基础上做出适当调整。

（3）学生层次。

高校学生层次主要分为博士生、硕士生、本科生、专科生。不同层次的学生有不同的培养目标，因此培养成本费用不同，经费标准也会不同。博士生的标准资助率应高于硕士生，硕士生应高于本科生，本科生应高于专科生。为了能更好、更清晰地计算不同层次学生经费，可以采取以本科学生为基准进行折合的办法，如一个博士生相当于2个本科生，一个硕士生相当于1.5个本科生等。

综合以上三个方面，就可以制定出各个不同院校中每名学生每年的基本经费定额标准。省级教育行政部门依据经费定额和学生人数分别核定各高校正常经费。应该指出的是，随着资金总量的增加和高校条件的提高，其财政配额也在不断调整。

除以上几个因素之外，在核定正常经费时还要考虑一些特殊因素的影响。第一是学校所在地域的区别。地域的不同也会对办学成本有着直接影响，如一些高校处于高寒地带，冬季气温低，取暖期长，那么取暖费就会高于其他地区，这就需要适当增加其正常经费。第二是收费标准的区别。高校之间受多种因素的影响导致学生收费标准也存在许多差异，如在高校之间本科生每年的收费标准有的学校是4500～5000元，而有的学校为3500元。甚至在本科和专科之间也存在着"本专倒挂"的现象，即每名学生每年的收费标准本科为3500元、专科为5000元。

收费标准之间存在的差异也会造成学校收入的差别。在实行综合预算的情况下，应将财政拨款和收费收入统一编制预算。因此，对于收费标准较低的高校，在核定其正常经费时应给予适当补助。

（四）公开公正，奖罚分明

一旦确定了资金项目的类别，就需要确定具体的项目和资金数额，例如重点大学经费、重点学科经费等，预算编制的一个重要方面是如何将这些资金分配给具体学校和预算项目。

对于专项资金的分配，首先要坚持公开公正原则，根据资金性质的不同，分别采用科学合理的办法。主要体现在以下三方面：第一是针对固定性项目采用直接核定的办法。如"211工程"建设项目等，属于连续投入支持的项目，并制定工程建设资金总体规划。对于这些相对固定的项目，可以根据总体规划的要求和当年的资源情况，直接核定资金项目的数额。第二是"因素分析，数模核算"的方法。适用于资金范围广、涉及资金多的大型教育项目。例如，强势特色学科和重点学科建设经费，就是选择了学科性质（理工类或文史类）、科研成果、招收研究生人数等12个因素，以不同的方式确定其权重，用数学公式来核定学科的具体数额。第三是"学校申报，集中评审"的办法。适用于对资金使用范围比较明确，但分配因素不宜量化的资金。如高等院校教育经费、重点大学建设经费、一般院校建设经费等。学校依据自己的实际情况，在规定的范围内申报项目，确定项目的轻重缓急，制定详细的项目清单，并由省级教育和财政部门聘请的专家对每个学校的资金项目进行评估，确定具体数额。

在深化经费管理改革中有一个重要内容就是如何加强对经费使用效益的考核，并将经费的使用效益与专项经费分配联系起来。在高校实行项目经费使用责任制时，要依据"谁花钱，谁负责"的原则进行。但在目前，只有工商企业对资金的使用效益有一套完整的科学考核办法。高校从属于事业单位，其资金使用效益往往体现在教学和研究水平等方面，而这些都是难以从数量和质量上衡量的。考虑到高校的特殊性，有必要建立一个健全可靠的经费使用效益指标体系，对经费的使用现状进行分析和评估，并以此为依据建立一个奖惩机制。可以设立以下三方面奖励项目：第一是在综合评价结果的基础上进行奖励。如对高校重点学科建设已经有了一套比较完整的指标评价体系，其中包括教学条件、人才培养、科研水平等方面，对在全省处于前列的学科，给予经费奖励。同时，实行末位淘汰制，对于考评结果位居后列的，减少或停止经费资助。第二是对于在各类竞赛中获得国家级和省级重大奖项的，给予经费奖励。如获得国家级和省级科技成果、全国优秀博士论文等的都给予奖励，不仅有国家规定给予的奖励，还会有省教育厅给予的资金奖励。第三是必须为资金的有效管理提供财政奖励。例如，如果省级教育行政部门分配银行贷款贴息经费，应奖励其在当年偿还贷款，并对贷款资金进行审慎有效的使用。通过这种方式，让学校增强还款的意识，积极偿还银行贷款。

遵循"公开公正，奖惩分明"的原则，采用科学合理的分配经费方式，可以避免人为干扰，减少随意性和盲目性，增加透明度，促进高校接受社会监督。同时，通过建立经费奖惩机制，能够增强经费分配的导向作用，强化管理和监督，提高专项经费的使用效益。

第二节　高校预算管理模式中的问题

一、高校业务与财务预算出现"两张皮"现象

在近几年的发展中，伴随着国库的集中支付改革、预算外资金实行"收支两条线"管理和政府收支分类改革的不断推进，"两张皮"[①]现象所带来的问题也日益凸显，这已经影响到高校的正常运转和发展。基于此，高校也在不断探索解决"两张皮"现象的办法，以更好地适应改革发展的需要。

（一）对部门预算编制在认识上有误区

在开始实行部门预算时，许多高校职工，上到校长、中层干部，下到普通教职工都认为编制部门预算就是为了向省财政厅要钱，认为由财务部门编制就可以。正是因为有这一认识，所以有的高校预算仅由财务部门编制。在编制的过程中，专户管理行政事业性收费收入和其他收入往往会存在少报或漏报情况。但自从预

---

① 指的是相互之间原本存在必然联系或依附关系的两种事物发生游离而单独存在。一般情况下，本来按规定或者按照规范应该是同一事、物或者现象，结果存在两种或者多种表象或表现，这样的现象称之为两张皮现象。

算外资金开始实行国库集中支付后，由于是先由财政垫付资金，所以有少数的高校可能会为了提前使用资金而存在夸大事业性收费收入的现象。通常在编制支出预算时，会出现虚报、夸大现象，这也导致了项目预算不是根据学校事业发展的实际情况出发，而是哪个项目能得到钱、能多要钱就报哪个，一旦钱要回来，那么项目是否执行就完全由学校来决定了。

（二）没有完备的预算编制机构

如今的许多高校都存在预算编制机构不完善的问题，这也是高校认为财务部门才是负责管理预算的，与其他的部门没有关联的原因。在日常的实际工作中，一些高校的确会存在由财务部门全权管理部门预算的现象。在计算编制部门预算时，高校会在往年数据的基础上，结合学生、教职工的增长和学校的发展情况来进行估算，并常会采用"基数加增长"的方法。这样的工作方法带来的后果是增加了财务部门的工作量，更重要的是会导致预算失真，从而也会导致部门无法执行或没有积极性去执行，这也必然会造成"两张皮"现象。

（三）高校预算编制水平不高

高校预算编制水平不高的原因有两方面。第一是受历史的影响，导致高校长时间缺乏自主性，对学校事业发展也存在缺乏长远规划的现象，而且预算通常是一年一编预算的主要任务，以保证学校年度内的正常运行，这也就会使得学校在编制预算时出现盲目性和短期性的问题，因为可以依据基本支出的编制有政策、文件规定或定额。相对而言，虽然基本支出预算的编制和执行具有高度的一致性，但项目预算的编制往往没有得到支持，而是由学校自行决定，其结果是编报的项目没有实施或实施得不完整，而已完成的项目并没有进行编报。如果在需要延续的项目和不需要延续的项目之间存在报不准的情况，那最后的结果必然会出现预算和执行"两张皮"的现象。第二是高校的预算编制人员普遍缺乏经验，对于未来的预测水平掌握不准，这就导致了项目的决算高于预算，且还会存在成倍翻番的情况。每年的预算都会在上一年的七月份进行编制与实施，这期间至少相差了五个月的信息差，而高校的内、外部信息每天都在不断变化，例如市场价格信息，要想做到编制能紧跟上信息的变化，那就需要高校的预算编制人员有极高的责任心、丰富的经验、敏锐的洞察力和预测能力。

（四）高校业务具有复杂性

由于高校业务具有复杂性，因此预测在下年度各科目的预算数与决算数不会存在一致性的情况。虽然一些科目会有定额的分配，但由于高校的复杂性不一定能得到准确的分配，在预算分配给各部门、各院系后，院系之间是可以相互调剂使用的，但这必须依据实际情况需要经过批准后才可以进行，由此也可得知，通常不会存在预算数和执行数相一致的情况。

在之前，高校对于大量的本专科生业务费难以做出判断，即将其归入哪一科目，若全部列入"其他公用支出"科目，那必然会使得这一科目的发生额最大，这也是预算管理部门坚决不允许存在的。因为每个人都有不同的主观判断，也会有不同的结果出现，因此在如何编报该项业务的支出预算、如何核算该项业务上可能会出现不同的结果，这样也将会在客观上导致"两张皮"现象的出现。另一项重要内容就是特殊性核对项目，最初设立这一项目的原因是考虑到部分单位的特殊性，在最初设立时，省财政厅将项目内容和金额就已经固定了，不管项目、定额是否恰当，都要按照固定的项目和金额进行填报，这也将会导致高校的一些项目上报不成功，项目金额也不符合实际需要，最终会导致预算和执行不一致的情况出现。

（五）高校的内外部环境变化频繁

大多数高校无法掌握所处内外部的环境变化。例如，省财政在年初就下发财政拨款控制，在这一年内通常会增拨一部分的专项经费，大多数的专项当年就能完成，这样就需要调整在年初下发的预算。再如，原先不打算建设新校区的高校，随着情况的改变又需要建设。在这一过程中可能也会遇到在已经开始实施的项目中，由于开始建设新校区而不得不暂停，需要重新规划。在这种情况下，如果高校不调整预算，那必然会出现预算与执行不一致的情况。

二、高校科研项目管理与科研经费财务管理的融合问题

（一）高校跨部门业务与数据信息共享机制不健全

在如今的时代下，各大高校的各个部门基本已经实现了信息化，拥有一套满足本部门需求的信息化系统。但也有一些高校在跨部门的信息系统间还未实现

数据之间的连接，形成了信息孤岛。例如，一些对账工作需要人工来完成，即财务部门管理的科研固定资产与资产管理部门的固定资产等相关账目的月末对账工作，这也使得时间与人工的浪费现象的出现。在同一资产中，有两套数据且统计的口径不一致，这会造成数据信息的浪费，也不利于资产管理水平的提升。

（二）科研项目数据信息与财务数据信息未融合

高校在负责管理科研项目的科研部门的数据信息与负责管理项目经费的财务处的数据信息还未实现融合，这就导致了两部门之间信息存在延迟和信息交换慢的问题，比如科研部门不能及时得到财务处的科研经费的收支数据，财务处也不能及时得到科研部门制定的科研项目经费的使用办法，从而出现某些科研经费超标准超范围开支，或者科研经费支出不合规范等情况。

（三）科研项目管理信息化程度不高

高校的科研管理流程的信息化存在分裂的现象，也就是高校只在科研项目管理流程上进行信息化处理，还没有建立一个全流程的信息化管理系统。科研项目负责人需要与多个部门进行沟通，如科研项目的立项、预算申报、日常报销、预算调整、项目结题等业务，由于很多流程还是在依靠手工作业，未能实现信息化审批，一张表格需要两个甚至多个部门签字盖章审批，所以有时就算是项目负责人也不清楚到底由哪个部门负责相关的审批，这极大影响了科研课题的进度，造成了巨大的时间和资源浪费，也导致了科研项目管理的碎片化。

三、财务管理系统难以满足需求

因为高校的内部业务系统和财务管理系统一直是两个独立运行的系统模块，有不同的业务流程和不同的内部规范和标准，所以在需要用财务管理系统时往往很难有效地使其发挥效果，并且系统的不足也直接影响到财务部门对相关数据的有效监督和审计。

因此，要想推进高校实现业财融合，加快实现高校内部财务工作转型，其最基本的工作就是要在高校内部建立完善的财务信息系统，但因为高校内部还未建立完备的财务管理会计信息系统，所以也就出现了许多问题，如在业务活动数据与财务数据的及时性、全面性和准确性等方面的不足，从而对高校的经营决策活动也带来了影响。

（一）财务与业务认识不充分

由于高校有着众多的部门，其岗位也比较复杂，各部门间工作重点不同，出发和考虑的角度也不相同。在日常工作中，每个部门只关心本部门的各项相关指标，不了解财务相关的工作流程与制度，单纯地认为财务部门只做收学费、发工资、报销、出报表等；同样，财务部门的人员对其他业务具体流程也不了解，等着业务找上门，只能提供低价值的会计服务，造成业务忽视财务、财务忽视业务的现象。当财务人员通过有问题的指标干预业务活动时，会导致其他部门的不满和反感增加，这也使财务部门无法彻底了解各项业务的真实情况，反而还激发了部门间的矛盾，大大影响了工作效率。

（二）信息化机制不健全

在大数据、移动互联网技术应用的今天，高校的信息化建设也进入了全新的发展阶段。高校各部门内部有着财务系统、科研系统、教务系统、收费系统和资产管理系统等较为完善的信息系统，由于各部门使用相对独立的信息系统，无法与财务系统进行有效对接，从而导致了高校各部门之间的信息壁垒。财务部门无法快速准确地从系统中检索到执行各种任务所需的信息，而业务部门也因资金问题而无法开展工作，有效的信息不能在各部门之间及时共享和更新，使得信息传递的效率降低，部门间的合作效率也在大大降低。

（三）财务工作十分传统，缺乏复合型人才

到目前，还有多数高校的财务工作还在使用传统的信息录入及会计核算，财务人员也主要掌握财务会计、业务核算方面的知识与技能，依据其他部门提供的数据进行成本核算、报表编制等还是财务人员的日常工作，缺乏复合型的财务人才，即掌握管理会计知识、能利用业财融合模式开展工作的财务人员。使用传统信息录入及会计核算工作不能有效发挥财务工作者的价值，会使财务数据与业务基础相脱离，从而使财务工作的职能难以向更高级的财务管理转变，也无法提升高校财务服务水平。在当前社会经济的不断发展下，会计工作开始向资源共享、信息化核算的方向发展，同时这也对财务工作有了更高要求。为了推动业财融合

模式在高校中的应用，需要大量的复合型财务人才，这也是建设"双一流"高校、发展科教兴国战略的必经之路。

四、预算分析与考核不到位

财政部在 2018 年明确表示，高校要在自评与外部评价相结合的基础上，开展对预算执行情况的绩效评价，这一方法在经过多年的探索中，已经在中央和地方绩效评价工作中取得显著成效。然而，高校项目绩效评价的研究仍集中在少数重点项目绩效的日常性评价机制上，部分高校的项目绩效评价面临着不真实的自评、绩效评价质量不高、绩效评价方法不统一、绩效评价结果不能有效地应用等新问题。现有的文献不仅缺乏财务核算的基础，还在绩效方面局限于定性研究。因此，必须要依据现有的文献基础，从政府会计制度和高校内控建设环境的视角出发，在财务会计和预算会计既相互分离又相互衔接的核算模式基础上，对于财务会计提供的经费信息来研究如何完善经费成本核算体系，从而为开展项目支出绩效评价做好铺垫，为如何解决高校项目支出绩效评价中出现的新问题提供思路。虽然国内外在项目支出绩效评价的研究上取得了不错的成绩，但还在初级探索阶段，大多局限于理论层面研究，其研究结果也很零散，而系统性研究高校项目支出绩效评价的成果更为少见。

（一）项目支出绩效评价管理缺乏上级主管部门的政策性支持

近几年，某省的各上级主管部门越加重视高校的绩效评价。在对日渐显现的项目支出执行进度问题的高校中，已经采取了约谈或收回项目经费等措施，其中也会涉及高校的内部控制评价、政府部门年度综合考核、地方转移支付预算执行情况绩效自评工作等各项考核绩效评价指标。但在如何进行绩效评价、评价结果、评价监督等方面并没有一套完整的规范性体系，绩效指标几乎完全是零散的宏观指标，没有实现业务评价指标和财务评价指标、量化指标和非量化指标的融合，几乎都是自我评估，对评价结果真实性的监督考核和运用也尚未实现。

（二）项目支出绩效评价工作重视程度不够

高校的项目支出绩效评价工作仅仅停留在完成上级部门的要求，而没有进行深层次的工作，学校不仅没有独属自己的绩效评价部门和绩效评价体系，也没有在项目支出上制定独属自己的财务制度和内控制度等，校内在项目绩效的评价上仍保留在衡量预算执行率的指标上，没有综合考虑非财务指标和资金使用效益等因素。高校将学校项目支出绩效评价与学校发展战略挂钩，在制定相关考核细则方面的经验不充分，体现在项目预算制定的科学研究不足、对资金分类的使用缺乏严格的监督、协调过程不完善、项目支出绩效评价过程的监督和评价机制不健全等。

（三）内外部约束性动力不足

某省教育厅发布了《省教育厅办公室关于开展 2019 年度中央对地方转移支付预算执行情况绩效自评工作的通知》，通知中要求各个高校开展绩效自评工作，这是高校绩效评价工作的一个新起点，是上级部门的一项具体工作。在省教育厅发布的文件中表明要有对绩效自评工作的细化指标要求，但这一要求在各学校的工作中未得到体现。如果高校要想设计自己的绩效考核体系，那就需要强大的内部动力，将学校的优质设计与内控建设相结合，综合考虑学校业务发展和财务管理的实际情况，在绩效自评基础上细化指标设计，将绩效评价工作真正落到实处，而不是简单地完成省教育厅要求的自评工作。

第三节　高校预算管理模式的创新举措

一、健全预算管理体系

高校的全面预算管理不仅贯穿高校业务活动的全过程，而且需要高校上下所有部门的共同参与，紧密配合。同时，学校领导对预算的重视程度也会直接影响预算的管理水平。因此，高校在深化全面预算管理观念和健全预算管理体系方面需要完成以下两个方面的工作。

（一）高度重视预算管理工作

高校的最高管理层应高度重视预算工作，把预算管理工作放到非常重要的位置。同时，预算管理涉及方方面面，需要各部门紧密配合。首先，在每年的预算编制开始前，学校应专门组织预算管理专题培训，学校所有领导干部和广大教职工都应该认真学习预算管理政策和要求，充分认识到预算管理对学校的生存和发展以及每位教职工利益的重要性。其次，在学校每年召开预算编制会议时，学校领导应坚持参加，向各部门、各机构处室传达精神并要求严格执行，使全校上下统一认识，明确各自的职责，真正发挥预算的导向作用。再次，学校领导应定期召开预算管理专题会议，通报各部门预算执行情况，针对各部门的基本支出和项目进度及支出情况进行评价并预警。最后，征集广大教职员工对学校预算管理的建议，引导全校教职员工重视、关心和监督学校预算管理的执行情况，为学校推进全面预算管理营造一个良好的氛围。

（二）完善预算管理制度

全面预算的有效实施，离不开完善的管理制度作保障。高校应该结合自身的实际情况和相关文件的要求，制定高校预算管理制度，从预算管理体制、预算编制、预算执行控制和预算绩效评价等多个方面对其预算管理制度加以完善，使其成为学校预算管理工作的指挥棒。

高校应优化其原有预算组织体系，使其真正成为实现预算管理目标的组织保障。预算组织体系应当包括预算审批机构、组织机构、编制执行机构、预算监控机构以及预算绩效考核机构。

校党委为预算的审批机构，负责审议批准学校的年度预算方案。

设立预算管理委员会作为学校预算组织机构，该委员会由校长直接领导，具体成员包括相关副校长以及财务处、人事处、教务处、教学各系部、学工部、纪检委、后勤处等各部门的负责人和一定数量的相关专家代表。预算管理委员下设预算管理办公室，由校长直接领导，财务处处长为办公室执行主任，负责带领预算管理办公室人员组织具体预算工作。

教学各系部、各处室部门为预算的编制和执行机构。在每年编制预算时，由预算管理委员会召集预算管理委员会委员召开预算工作会议。由于各部门、各机构处室的负责人是预算管理委员会委员，在一定程度上便于针对各部门提出的问题加以沟通，合理确定各部门的年度预算目标，协调预算管理工作中出现的各种问题，从而充分发挥预算的指导及沟通协调作用。

预算管理委员会下设的预算管理办公室作为预算监控机构,在执行主任财务处长的带领下对各二级部门的预算执行情况进行控制和分析,针对各部门的基本支出和项目进度以及支出出现的偏差进行预警和纠偏,对于偏差较大或难以改进的事项及时上报预算管理委员会领导并召开预算专题会议,寻求解决方案,以保证学校各部门的预算项目得以顺利完成。此外,学校监审处对预算执行进行定期或不定期审计,审查各项费用开支情况是否真实合法。

由财务处、人事处以及监审处联合设立的绩效考核委员会作为预算绩效考核机构,并对预算管理委员会负责。绩效考核委员会制定预算绩效考核制度、考核指标体系和激励制度,经预算管理委员会审议后报经学校党委会批准实施。在每年预算编制开始前,由绩效考核委员会向各部门教职员工宣布预算管理绩效考核及奖励制度;在预算年度结束后由绩效考核委员会依据绩效考核体系对各部门的预算执行情况进行考核,并将考核结果形成绩效考核报告提交给预算管理委员会;预算管理委员会在充分听取各委员陈述意见后撰写对各部门的奖惩意见,报学校党委会审批后执行。

在优化高校预算组织体系的基础上,应规范其预算管理流程:年初由学校党委会依据事业发展规划确定年度预算目标并下达给预算管理委员会;预算管理委员会依据年度预算目标并结合上年度预算考评结果,在充分沟通和协商的基础上进行分解,形成各部门的年度分目标;各部门依据年度分目标编制分预算后报给财务处,财务处依据各部门分目标进行初步审核,若有偏差则返回相应部门重编,然后依据各部门预算汇总编制综合预算并上报给预算管理委员会;预算管理委员会依据年度预算目标和各部门年度分目标对各部门预算和综合预算审查后上报学校党委会审批;学校党委会审批通过后的预算下达给各预算责任部门,并在预算管理委员会监控的情况下执行年度预算,预算管理委员会办公室定期预警预算执行偏差并加以分析改正,并定期对各部门预算执行情况进行考核。预算编制流程如图 2-3-1 所示。

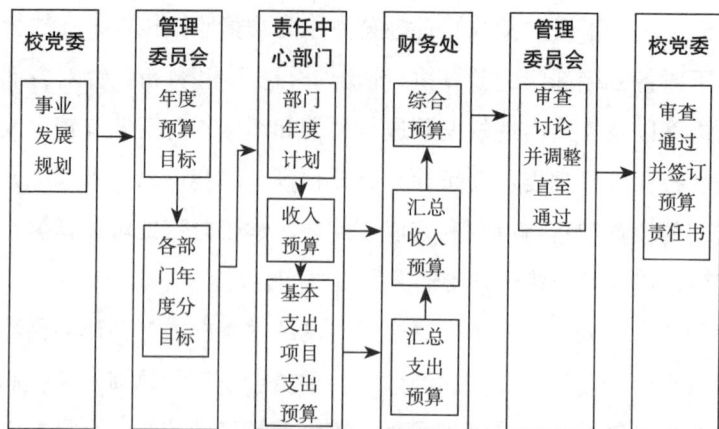

图 2-3-1　预算编制流程图

（三）引入预算管理信息系统

全面预算管理包括预算管理体系的构建、预算目标的确定、预算编制与执行、预算控制以及绩效评价等多个方面，其工作效率水平的提升离不开完善的信息系统支持。如前所述，有些高校除了上报财政的预算有专门的系统外，学校内部预算管理并没有专门的系统，而是在每年靠人工制作表格来完成预算的编制与分析。这种简陋的预算管理系统使每年的预算管理工作变得非常繁冗复杂，无法推进预算的精细化。更重要的是，在有些高校没有建立多渠道信息反馈系统，预算执行与会计核算无法做到及时对接的情况下，财务处进行预算执行信息预警和及时纠偏就会变得非常困难。

在当前信息化程度较高的大数据时代，财务转型已成为必然趋势。高校应该尽快引入预算管理信息系统，实现全面预算的信息化。这样做有以下几个好处。第一，信息化水平的提升会使处理复杂的预算编制和预算分析成为可能，并通过多维信息系统使组织、管理、业务、成本费用等方面的关键要素在预算信息中得到充分体现，为多维数据挖掘提供基础的同时也使全面预算更加精细。第二，多渠道信息反馈系统便于预算执行与会计核算做到及时对接，形成集预算、审批、报销、核算于一体的费用管理系统闭环。同时对关键指标进行机动分析，实时监测、统计、分析各个项目进展的全部细节，通过自动化返回信息进行实时控制，真正实现预算执行信息预警和及时纠偏。第三，通过信息系统的高效处理和精确跟踪，每个环节进行财务处理的时间都得以精确的显示，便于对各个责任中心进行责任认定和绩效考核。第四，预算管理信息系统可以增强各部门之间的联系，便于各部门之间取长补短。更重要的是，便于预算管理委员会在及时了解各预算责任部门的预算执行情况和项目最新动态的基础上，与各预算责任部门进行及时沟通。

二、合理确定预算目标

预算目标的确定是高校预算管理中非常重要的一环。由于高校实习实训项目具有难以标准化、需创新设计的特点，由此在年初确定各部门预算目标时，项目的可行性论证就变得非常重要。在每年申报项目预算时，首先应由各项目负责人阐述该项目建设内容、建设项目在教学体系中发挥的作用、该项目与学校事业发展规划以及年度目标的匹配程度、其预算编制计划的形成依据、预计要达到的绩效目标以及为完成该项目所需要精细化的各个分项目费用开支等。其次由学校领导、预算管理委员会委员、相关专家以及项目开发商详细分析和科学论证该项目的可行性，以保证将学校有限的预算资金安排给最需要建设的项目，避免出现因学校资源分配不合理导致部分学科资源闲置而急需发展的学科却得不到资金支持的严重问题。

三、强化预算监控力度

预算控制是监控预算执行过程不偏离方向的重要一环，也是实现预算年度目标进而完成高校事业发展规划的重要保障，应贯穿预算管理的整个过程。因此，学校应建立有效的预算控制体系并疏通信息沟通渠道，实施有效的过程控制。首先，将预算目标责任层层落实，使各部门、各机构处室负责人成为预算管理的直接责任人。其次，良好的信息沟通是预算有效执行的必要条件。只有信息沟通良好，预算的差异才能得到及时的分析与调整。因此，高校预算管理应建立多渠道信息反馈系统，进行预算执行信息预警并及时纠偏。

第三章　高校财务管理中的资产管理

高等学校的资产是国家教育资源的重要组成部分，是高等学校贯彻落实党的教育方针，培养中国特色社会主义事业的合格建设者和可靠接班人的基本条件。本章就对高校财务管理中的资产管理进行阐述，包括高校资产管理的基本情况、高校资产管理中存在的问题以及高校资产管理的改革举措。

第一节　高校资产管理概述

一、高校资产的相关概念

（一）资产

资产，是一种可以投入经营和生产中的生产要素，能够产生经济效益。会计学中定义资产通常以货币计量，是由企业拥有或控制的经济资源，既是企业用来运营周转的工具，也能为企业带来经济效益。综上，资产就是一种以货币形式计量的、具备服务潜力的经济资源，能够为所属产权主体产生经济效益。

（二）高校资产

高校资产对于我国来说，是一种重要的教育资源，属于国有资产，为高校在教学及科研等方面提供物质基础，为高校生存、发展提供有力的支撑。高校资产与其他各种资产的共同属性及特点相同。在 1997 年财政部和教育部联合颁布执行的《高等学校财务制度》中，第二十九条规定："高校资产是指高等学校所占有或使用的能以货币计量的经济资源，包括各种财产、债权和其他权利。"[1] 这就是我国对高校资产的解释。也就是说，高校资产包括流动资产、无形资产、对外投

---

[1] 财政部条法司. 高等学校财务制度 [J]. 事业财会，1997（5）：7-12.

资和固定资产等，因此可以说，高校资产可以作为一种经济资源，这种资源能够直接为高校所用，或者与其他资源或产业相结合，间接为高校的教育事业等提供物质保障。另外，高校的资产同样以货币计量，由高校占有和支配，其他单位或企业无权使用。高校资产同样包括各种债权、财物资产以及其他权利，也可以分为有形财产和无形财产。

二、高校资产的形成

高校对所拥有的资产只有使用权和占有权，并没有实质上的控制权，高校资产所有权由国家持有，这是高校资产最不同于其他资产的地方。

计划经济时代，国家实行全收全支型管理模式，集中管理高校，统一安排高校的招生计划以及教育经费，国家拨款成为高校资产的主要来源，实行"报销式"拨款模式，即"花钱靠拨款，缺口向上要，结余全上交"的运行模式。而随着市场经济的快速发展，越来越多的高校响应国家号召自主办学，打破了原有的"报销式"拨款的办学模式，高校的资产组成逐渐丰富起来，国家拨款依然是主要的经济来源，还增加了学费、社会捐赠、产业经营收入、科研经费、投资性收益等，多元化、多渠道的筹资来源，决定了高校资产的多样性。高校资产通常包括六个方面资金来源：（1）国家财政拨款；（2）按国家规定使用资产组织的各项收入，包括预算外的收入以及其他各项收入；（3）社会组织、机构及个人的捐赠和资助；（4）高校投资产生的收益；（5）科研、知识产权、商誉等各种无形资产；（6）银行贷款。高校所涉及的领域也有了很大的变化，由原来的科研、教学逐渐拓展到金融、科技、服务业、商业等各个领域，逐渐发展成集成型的事业法人。

三、高校资产的分类

高校资产按照一定的分类标准可以分为不同类型，这是高校资产进行日常管理营运的基础。各种高校资产的分类标准与类型如表3-1-1所示。

表 3-1-1　高校资产分类标准表

分类标准	名称
不同的存在形态	有形资产，具有实物形态的资产，例如房屋建筑物、教学仪器设备等
	无形资产，不具有实物形态的资产，能为高校带来收益，例如高校拥有的专有技术、校徽、知识产权
不同的运用方式	经营性资产，需要根据相关法律法规来使用，不以营利为目的
	非营利性资产，不投入生产经营活动，由高校占有、使用的资产
不同的形成方式	资源性资产，主要是指为人类所利用的自然资源，例如土地资源、水资源等
	开发性资产，人类后期通过劳动研发、改造、创造形成的资产，例如教学仪器设备、科研成果等
不同的价值补偿方式	固定资产，使用寿命在一年以上，有固定单价，为提供劳务、生产商品等而持有的资产
	流动资产，使用年限在一年或一年以上，能随时变现或随时耗费的资产

第二节　高校资产管理中存在的问题

目前，我国高校实行"统一领导，集中核算，分级管理"的财务管理体制，将财务管理的重心下移到各个部门、职员及各个项目上，将责权下放到各个部门的职员手中，财务部门利用绩效考评做好监管工作，但由于高校财务管理制度和资产管理体系仍不够健全，可行性较低，缺乏强劲的资产管控手段，导致高校对资产使用的监督和管理不严格，资产配置杂乱无序，闲置浪费甚至重复购置的问题非常严重，各级部门责权界定不清，无法对各个资产使用单位做到有效的监督，更无法对全校各部门及职工产生正面的激励，很难管控，且仍存在资源配置不合理、财务工作的服务质量偏低等问题，不利于高校协调发展教学、科研等事业，更不利于高校的可持续发展。

随着国家在政策和指标上对各大高校招生活动的放宽，高校的规模日趋扩大，积累的资产日益增长，如何科学合理地配置资产，使其发挥出最大的效用、产生最大的收益是所有高等院校资产管理中的一项重要难题。

目前高校资产管理中主要存在以下几大问题。

一、缺乏健全的风险管理机制

目前，由于我国各大高校都背负着巨大的债务和利息需要及时偿还，往往储备了大量现金资源，造成了非常高成本的资金闲置和浪费，即使高校有再多的筹资渠道，但筹资数量少，远不够解决这方面的问题。高校面对着国家财政有限的投入、少量的资金来源和越来越大的招生规模之间存在的矛盾，倍感窘迫，只能通过各种金融机构、社会组织以及租赁公司等获取一定数额的长短期债务资金，以满足各项基础建设和教学设施的需要，这种需要包括扩大学校规模、加大宿舍楼面积等各种措施，严重加剧了债务问题的矛盾，甚至有高校的负债率已经超过80%，难以担负利息及其他各项债务压力。巨大的还款压力、即将到期的各项债务、借贷款项到账慢，使资金运转更加困难，为了减轻周转运营的压力，高校往往要保留很多货币资金以解决各种资金周转上的困难。有些高校月末账面存款数额达五千万之多，导致大量的资金处于低效运转状态，没有为高校带来合理收益，更无法帮助高校减轻巨大的利息压力。而该现象出现的根本原因，首先是因为规模扩大造成的学生吃、住、用问题，只能靠借贷资金解决。其次是因为高校普遍认为：作为国家的事业性单位，高校应致力于科研教育工作，即使无力偿清债务，也有国家的扶持，不会真的破产。因此，众多高校根本不考虑自身的条件能否担负起巨额的利息，也不考虑到底有多少债务，只考虑资金借贷收入和偿还支出的周转链条能否保持运转状态。最后，各大高校普遍缺少风险管理制度，没有做到定期对经济活动风险做出评估，学校内部管理债务的相关制度不健全，无法针对每一个借贷项目展开详细有效的论证，风险防范意识差，风险管理水平低。

二、缺乏应有的清理催缴机制

高校在处理往来款项的工作上设置了很多的科目，导致处理所需时间很长，年末余额基数大。虽然在年终决算时做了详细的清算，然而其中职工借款这一项，即便下发了催缴通知，但由于并没有有效的催缴管理机制，也没有健全的催缴制度，只有少数的职工向校财务部结清款项，其余大部分借款项无法及时收回，只能挂账处理；另外，高校的权责不明确也导致各项应收未收款项及部分垫付款项没有按照高校相关规定和流程批报核销，导致高校大量的资金被长期占用，无法为高校带来实际的效益。

三、缺乏科学的决策管理机制

高校为提高市场竞争力，扩大自身知名度，提升自身影响力，借助教学科研成果，将科学技术转变成第一生产力，将目光投向市场，组建或合作建立起校办企业，把资金、高新科研技术投入生产中。但由于高校的资金有限，且投资范围及额度都较小，缺乏投资经验，对风险没有足够的防范意识，缺乏有效的防范手段，对投资方案的可行性缺少科学的评估，加上高校本身的审批制度并不严格，会计控制机制不健全，投资管理体制不完善，缺少责任追究制度，导致高校在投资时对投资项目没有科学的判断，对投资风险没有客观评估，对投资项目的追踪管理不到位，导致投资变得随意、无效。

四、缺乏有效的权益保护机制

各大高校为国家培养了许多高科技、高素质人才，为先进知识文化及科学技术的传播提供了场所。高等院校在科研、教育、人才等方面拥有众多资源，但由于缺乏无形资产管理制度，直到今天，仍有很多高校没有对拥有的知识产权等无形资产申请评估认定，导致很多高校虽可拥有各种无形资产，但这些资产却没有入账，造成了一定的财产损失。对于各种知识产权、专利权、版权、科研成果等大多数的无形资产，高校虽重视它的研发，却并不重视其应用，虽看重论文的高产、高质量，却不重视论文研究领域在各个学术界应产生的影响，导致各项研究成果和其他各种无形资产并没有发挥出其对提升高校核心竞争力的作用。例如，高校的土地权是最容易确认权利和价值的一项资产，但高校往往只将取得土地使用权所支出的各项费用划入了当期支出，土地作为一种资产，其本身的价值和已开发的各项附加价值并没有入账。

第三节　高校资产管理的改革举措

一、建立健全风险管理机制

目前，我国高校普遍存在国家财政补贴少、事业性收入低且不稳定、债务占总资产的比重大等问题，要想改变这一现状，满足科研教学方面的发展需要，就必须彻底改变"负债再多都有国家买单"的思想，大力开拓筹资渠道，尽力增加筹资金额。

此外，高校还应做好以下几点：

（1）加强对资金的监管力度和审批制度，不相容的岗位互相分离，分别处理稽核与对账管理；定期核对收支账目明细，做好库存现金的盘点工作，严禁白条抵库，严禁坐支，管控资金在规定范围内使用，消除高校在资金管控方面的安全隐患；严格按照"收支两条线"的规定管理资金的流动，严格执行限额管理制度管理库存现金。

（2）尽快取得国家相关政策的支持，积极和财政部门、教育主管部门以及发展改革委员会等相关部门协调交流，扩大高校办学自主权，努力取得国家政策上的资金支持，保证国家财政拨款的持续增长。

（3）强化高校清理催收事业性收费（即学费、住宿费）力度，做好清缴工作，建立信息化网络平台，将学生的个人缴费信息录入其中，认真完成核对学生信息的工作。各院系与教务处和学生处进行密切联系，并组织安排学生的各项缴费情况与学生的课程成绩挂钩，以此来保证学生的学费全部及时缴清，防止个别学生晚交、不交，严格遵守"收支两条线"的管理原则，在规定时间内往财政专门账户上缴清全部的非税收入，积极申请财政拨款指标，以便使财政拨款指标尽快传达，满足高校教育教学的发展和科研事业的发展。

（4）正确利用高校丰富的教育资源，利用高校对社会的影响力，面向社会人员扩大函授、脱产、短期培训等各项办学规模，积极开拓各项社会有偿服务，在为社会提供优质可靠的教育服务的同时，既解决了社会人员对知识和文凭的渴求，又能获取服务费用，为学校增加办学资金。此外，高校还可以积极拓展各种筹资渠道，如社会捐赠、产业合作、赞助等，以及一些其他形式，如基金会、校友会等，从社会各阶层中获得资金方面的援助，使高校能够多方面地筹集办学资金，提高教育教学、科研事业上的发展。

（5）账目管理层面，高校应当严格规范财务票据的使用流程，对办理票据手续的领用、开具、核销等各项环节谨慎把关，以确保票据的真实性、有效性、安全性。

（6）根据国家发改委等部门批准下发的相关收费标准管理收费工作，严格执行正确的票据收费标准，杜绝随意变更收费标准和收费范围的行为，严禁巧立名目滥收费，严格按照"收支两条线"的规定管理收费资金，杜绝资金挪用、截留等现象的产生，必须保证资金及时、足额地收取和上缴，执行强效的奖惩措施避免收入管理不当情况的发生。

（7）与国家金融机构保持并加强战略合作关系，积极争取更多的信贷资金，合理处置闲置土地资源，优化各方面的资源配置，尽最大可能筹集办学资金，最大限度地降低各项债务，科学分析管控投资风险，尽量缩减资金的消耗、闲置成本，减轻还贷的压力，优先、合理保障高校教育事业的发展。

（8）将各部门的财权、事权与责任相结合，根据各部门的发展计划、目标、绩效等科学、合理地分配各项资源，并做好风险评估管理工作，建立灵敏、有效的风险预警机制。完善高校内部债务管理制度，严格做好各项资金的审批管理，尤其做好大额资金流动的财务风险防范工作，并针对各种财务风险做出预防和解决措施，尽可能保障每项资金的安全。严格实行岗位职责分工制度，不相容的岗位职务分离，风险管理人员应系统、详尽地分析各种可能存在的风险，针对风险点提出解决方案并严格执行，根据实际经济活动定期提交相关风险评估的详情书面报告。

二、健全往来款项清理催缴机制

目前，由于设置了多个科目分别处理往来款项，导致了年末余额大以及往来期限长的问题，针对这些问题，高校可以通过建立有效的催缴机制和完善严格的核销机制，并采取一定的管控措施解决，对这些往来款项加大催缴催收的力度，尽量简化往来款项的科目，将管理重心转移到项目资金的流向上，实施精准化的预算编制管理，精准把控资金的投入，更加充分使用资金以发挥其最大的效用，使往来款项结余少或无结余。职工借款必须限期归还，逾期罚款；职工垫付的款项也必须限期报销，逾期扣款。分类管控高校各个下属单位及全体教职员工的零星开支，统一使用高校办理的银行贷记卡及公务卡，对于其中的垫付款，经办人员必须严格遵守报销款项的相关规定，严格执行报销流程，在规定期限到期前一周内完成报销工作。对于设备采购、办公用品采购等大规模的支出项目，各部门必须在验货合格后依据票据核销流程严格处理报销款项或支付货款。对于期限长、原因不明且难以支付或回收的各种往来款项，必须将责任详细落实到个人，按规定严格执行审批核销或转销工作，做好每一项往来款项的追踪管控工作，降低往来款项余额。

三、建立健全纳税筹划机制

要解决高校当前税务管理乱、个人税负高的问题，就必须要加强税务管理，建立健全纳税筹划机制。

首先，高校应参照政府税务部门处理代开发票的模式，改革各部门开具税务发票时由高校统一垫付所涉税费的现象，税费由各部门自行缴纳，各部门应先将税费交到高校财务处，财务收取登记完成后再开具发票，避免高校垫付税费后收不回或忘记收回。

其次，高校应聘请校内或校外的税务专家，帮助高校全面地解读所涉及的税种的征税范围，分析各种税收政策和高校的收入种类，结合减免税收的政策优惠，理清各项税收项目，做出最佳的账务处理方案，严格依法缴税。高校应设置专门的会计科目，详细了解国家的各项税收政策，根据不征税收入、减免税收入、征税收入、涉税收入等严格单独分列核算，避免对政策错误解读，出现交错税、少缴税、未按照减免政策多缴税的现象。

最后，为了降低税负，高校应仔细分析所有涉税收入的涉税种类、相关环节及税率等，对国家相关税收政策作出充分的了解和分析，尤其是减税、免税政策及其优惠条件，努力为自身创造更多符合优惠政策的条件，再结合纳税期限以及高校实际情况制定出最佳的纳税方案，在符合法律规定且不影响高校财务活动的前提下，用足税收优惠政策，减轻财务压力。

四、健全对外投资管理制度和责任追究制度

为提高自身市场竞争力，适应复杂的经济环境，高校需要改善对外投资中存在的范围小、投资少、风险意识弱、防范意识低等问题，建立健全可行的对外投资管理制度，并安排好投资管理部门和岗位，明确岗位的职能和责任，确保对高校投资项目有充分的研究和了解，并作出可行性评估报告和风险评估报告，做好投资的决策、执行、审批等工作。需要注意的是，投资管理由高校领导班子统一领导，其中不相容的岗位应职权分离。在高校领导层的分析和研究下，加以专家的知识、经验、技术与论证等，对每一个对外投资项目进行全面的可行性分析，结合高校的投资目标和投资工作发展规划，科学选定最合适的项目并拟订投资计划。领导层应科学筛选投资项目，严格把控投资金额，杜绝盲目投资，严格控制投资活动按计划有序执行。

高校在对外投资时，应严格按照国家相关规定，由高校审核投资项目的相关资料和分析报告，授权审批，并按照风险控制制度和投资管理制度就投资的详细事项与违约责任等，与乙方签订具有法律效力的合同及契约、协议，依照合同合理安排高校资金的投放和支配，保持资产的结构合理，处理好流动性资产与营业性资产之间的关系，在保证有适当的流动性资产的同时追求更大的效益。此外，高校还应建立完善的会计控制制度和严谨的投资资产保管制度，严格追踪管理对外投资项目，全面评估并跟踪关注投资的风险，明确各个岗位的责任，完善责任追究机制，对于对外投资中产生的严重决策失误、违规办理投资业务以及不按规定履行投资决策等问题，追究相关部门以及负责人员的责任；完善账户管理体系，依照相关规定做好投资的账簿记录，将投资项目的价值变动以及收益情况详细、准确、全面、及时地记录下来，严格监督控制对外投放的资金，以便及时回收处置。高校应加强对对外投资项目的管控力度，杜绝随意投资、无效投资，对于多种备选投资项目，全方面做好分析和评价，谨慎投资，预防及规避投资风险，提高投资效益。

五、强化知识产权意识，加强无形资产管理

高校应强化对无形资产的保护意识，重视无形资产的价值并建立健全管理体制，对于各项知识产权、专利权、著作权等无形资产，高校应按照国家相关规

定，严格申请办理相应的证明、证书等。目前，各大高校普遍拥有面积广大的土地，但在高校的固定资产管理系统中并未体现出土地的使用权及其市场价值，虽有部分高校将土地资源视为无形资产，以实际的征地补偿费用记录在了无形资产的管理系统中，但仍未体现土地的使用权及市场价值。此外，高校拥有丰厚的知识资源、科研成果、科研人才、师资力量等，然而，仍未有一所高校尤其是文科类的高等院校申请学校知名权、著作权以及非专利技术等无形资产。财政部教育部 2013 年颁发了《高等学校财务制度》，规定了各高校通过外购、自行开发及其他方式取得的土地使用权、著作权等应当合理计价，及时入账，这对于高校来说，有助于高校全面梳理其无形资产，为高校系统地管理无形资产提供了契机，为其制定无形资产管理制度提供了良好开端，使无形资产发挥出其最大的效用，以提升高校的核心竞争力，提高高校的知名度。

第四章　高校财务管理中的收支管理

收支活动作为贯穿于高校日常运行和发展的重要环节，应当予以重视，并且对收支管理进行全面控制也有利于夯实高等学校的财务管理水平和资金运行效率。本章对高校财务管理中的收支业务进行介绍，包括高校收支业务管理与控制、高校收支业务存在的内部控制问题及原因和相关的改革举措。

第一节　高校收支业务管理与控制

一、高校收支业务

控制高校收支业务的目的是，对高校收支业务中的各环节进行风险管理和掌控，使高校在收支业务中提高效率，发挥收支业务平衡效果的积极作用。为保障国家给予高校的财政性经费额度按时入账，高校内部的各种收款行为应该符合法律法规，需要缴纳的资金按时结清，并及时记录清楚账目；完善各类支出项目操作规定，如人员支出、公用支出、项目支出等，高校相关人员要计算准确，审批程序应当经过合理授权。

（一）高校预算收入和预算支出的定义

1. 高校预算收入

高校预算收入是指依据国家有关法律法规及政策规定，包括财政拨款收入、专户核拨的事业收入、事业单位经营收入、其他收入、结余资金等在内的，为了高校开展业务及其他活动依法取得的一些非偿还性资金。财政拨款收入是指本单位从财政部门取得的财政预算资金，包括基本经费拨款和项目经费拨款。一般按学科生均定额拨款。专户核拨的事业收入是指高校收取学生费用的收入。高校在专业业务活动及其辅助活动之外进行开展非独立核算经营活动所取得的收入称为事业单位经营收入，主要是专户核拨的事业收入以外的各类培训收入，如高自考学生学费、短期培训班学费。其他收入是指上述规定范围以外的各项收入，包括利息收入、捐赠收入等。结余资金是指按财政政策要求使用结余资金安排的预算收入。

2.高校预算支出

高校为保障其机构的正常运作和完成工作任务所需要的资金耗费和损失而进行的支出预算就称为高校预算支出，主要包括基本支出和项目支出两大类内容。

（1）基本支出。

高校为了保证本机构的正常运作和及时进行日常工作任务发生的支出称为基本支出，包括人员经费、公用经费两部分。

①人员经费。包括政府收支分类中支出经济分类的"工资福利支出"和"对个人和家庭的补助"。

"工资福利支出"人员人数以上年发放9月工资时的编制内实有人数为准。工资福利支出中包括在职人员养老保险、职业年金、医疗保险、补充医疗保险、失业保险、工伤保险、生育保险等社会保障缴费事项中单位负担的相关部分及按实发人数及标准编报的货币化的职工物业补贴、采暖补贴、住房公积金及住房补贴等。

"对个人和家庭的补助"包括退休职工人员支出和学生补助支出。退休职工人员支出是指按照《关于机关事业单位养老保险待遇发放有关问题的通知》的规定，在本单位人员经费中编制退休人员养老保险统筹外项目的支出预算。学生补助支出依据高等学校学生资助政策规定，每年从学费收入中足额提取10%的经费，作为学生资助经费，主要用于按照国家统一规定标准发给或用于学生的各类补助（奖学金、助学金等）。

②公用经费。包括商品和服务支出和其他资本性支出。商品和服务支出即按照财务制度规定支付购买商品与服务的支出，包括水电暖、交通等日常的公务性支出，以及培训费、学生活动费、教学业务费等业务性支出、用于促进高校内涵发展经费等。其他资本性支出即按财务制度规定支付的购置固定资产、土地、无形资产及基础设施、大型修缮和更新改造所发生的费用，包括办公设备、专用设备的购置等。

（2）项目支出。

在本单位基本支出以外，并为了完成特定的工作任务而发生的支出就是项目支出。项目支出一般是高校在基本支出以外，为开展进行其他特定的工作任务或者完成事业发展目标而发生的年度专项支出。这项支出一般情况下是根据教委下达的年度预算控制数编制项目进行的支出预算。

高校支付中的财政拨款支付主要有财政直接支付和财政授权支付两种方式。财政直接支付的流程主要是根据本单位按照年度预算和月度用款计划所确定的资金数目，向上级提出支付申请，再经过市财政业务处室国库科审核后签发支付令，接着代理银行再根据这项支付指令，经过国库单一账户体系中的财政零余额账户，直接将财政资金支付到相关收款人或收款单位账户里。

财政授权支付和财政直接支付不同，这种支付方式主要在于授权，需要本单位按照年度预算和月度用款计划确定好资金用途，再取得市财政业务处室的授权，自行开具支付令送交代理银行，该银行通过国库单一账户体系中的单位零余额账户或特设专户，将财政资金支付到收款人或用款单位账户中。财政授权范围是除财政直接支付支出以外的全部支出。

（二）高校收支业务控制机制体制

1.各职能处室

单位收支业务实施的主体主要是该单位本级中负责编写收入事项请示、协商收入的具体事宜、开具收费通知单、提交经费支付申请、编制重大业务事项方案等内容的内设机构和下级单位，也就是职能处室。

2.职能处室分管负责人

负责审核收入支出事项业务的就是职能处室分管负责人。

3.财务处

负责单位内收入与支出以及制定收支内部管理制度的归口管理处室就是财务处。财务处主要负责的业务主要有两大方面，一是全面掌握本单位各职能处室的收费项目，做好收费许可证的年检，确保各项收费项目符合国家有关规定。二是按照国家统一的会计制度规定对收入业务进行会计核算，及时、完整记录和反映单位的收支情况，并要求各职能处室在设计收支的合同协议签订后及时将合同等有关材料整理好，提交给财务处进行账务处理依据。三是对收支业务进行分析和对账工作，根据收支预算、所掌握的合同情况对收支情况的合理性进行分析，定期与职能处室进行对账，判断有无异常情况；对收入业务的检查，包括定期检查收入款项是否及时、足额缴存到规定银行账户，收入金额是否与合同约定相符，对应收未收项目查明情况，明确责任主体，落实催收责任。对支出业务的检查，包括定期检查支出款项是否按照预算要求进行支付，支付金额是否与合同约定相符。

（三）收支业务控制政策文件

1. 收入业务政策规定

《行政事业单位内部控制规范（试行）》[①]规定：单位应当建立健全收入内部管理制度。单位应当合理设置岗位，明确相关岗位的职责权限，确保收款、会计核算等不相容岗位相互分离。

财会部门应当对单位的各项收入进行详细的归口管理和会计核算，禁用账外账。同时，财会部门还应该及时把业务部门涉及协议签订的收入合同等材料应收尽收，按时入账，并作为账务处理依据整理好。财会部门还应当定期检查收入金额与合同所约定的是否一致，对应该收缴的或还未收缴的项目查明情况，明确责任主体，落实催收责任。

一些具有政府非税收入收缴职能的单位还应该做到，在按照规定项目和标准征收政府非税收入的时候，按照规定开具相关财政票据，并做到收缴分离、票款一致和及时、足额上缴国库或财政专户，不得以任何形式截留、挪用或者私分。

收入业务政策规定单位应当建立和完善票据管理制度。在规定中履行财政票据、发票等各类票据的申领、启用、核销、销毁等手续。此外，单位还应当按照规定设置票据专管员，建立票据领用台账，做好票据的保管和登记工作。票据应当按照顺序号使用，做好废旧票据管理。负责保管票据的人员要配置单独的保险柜等设备，并做到人走柜锁。单位不得违反规定转让、出借、代开、买卖财政票据、发票等行为，不得擅自扩大票据使用范围。

2. 支出业务政策规定

《行政事业单位内部控制规范（试行）》规定：单位应当建立健全支出内部

---

① 中华人民共和国财政部制定.行政事业单位内部控制规范[M].上海：立信会计出版社，2013.

管理制度，确定单位经济活动的各项支出标准，明确支出报销流程，按照规定办理支出事项。单位应当合理设置岗位，明确相关岗位的职责权限，确保支出申请和内部审批、付款审批和付款执行、业务经办和会计核算等不相容岗位相互分离。

单位要明确各岗位的职责权限，如内部的审批、审核、支付、核算、归档等关键岗位的职责，同时要根据国库管理制度的有关规定严格执行国库集中支付操作。主要有以下四点要注意。一是加强控制审批支出。单位内部的支出审批权限、程序责任以及相关控制措施要明确。审批人还应当在授权范围内进行审批，不能越权审批。二是加强支出审核控制。要重点全面地审核各类单据，做到五个是否，即来源上是否符合法律法规，内容上是否真实、完整，使用上是否准确，预算上是否超出，审批手续上是否齐全。单位部门的支出凭证应该附上能够反映支出详细内容的原始单据，并且要有经办人员的签字或盖章，超出规定标准的支出事项需要有经办人员说明原因并附上审批依据，保证和经济业务的事项相一致。三是加强支付控制。明白确定报销业务的流程，依照相关规定办理资金支付手续。需要签发的支付凭证要进行核对登记。特殊情况使用公务卡进行结算的，需要依照公务卡使用和管理的相关规定处理业务。四是加强支出的核算和归档控制。财会部门需要依据支出凭证按时正确地登记账簿，并且要整理好和支出业务相关的合同等材料，以便以后作为账务处理的依据。

3. 债权债务业务政策规定

《行政事业单位内容控制规范（试行）》规定：根据国家规定可以举借债务的单位应当建立健全债务内部管理制度，明确债务管理岗位的职责权限，不得由一人办理债务业务的全过程。大额债务的举借和偿还属于重大经济事项，应当进行充分论证，并由单位领导班子集体研究决定。单位应当做好债务的会计核算和档案保管工作。加强债务的对账和检查控制，定期与债权人核对债务余额，进行债务清理，防范和控制财务风险。

二、高校收入业务控制

（一）高校收入业务的控制要求

遵循国家相关法律法规、财经纪律及管理规定，防止账务资金体外循环或形成"小金库"，防范挪用单位收入、违规使用票据等违法行为的发生；加强本单位收入管理，为本单位履行法定的行政职能提供保障；对收入事项及时分析与报告，为制定科学合理的管理决策提供依据；收入要公开、透明，及时发现收入管理中存在的问题并进行改正，持续提高本单位的行政管理水平。

（二）高校收入业务的控制流程

1. 财政拨款收入流程

高校上报预算，上级财政部门批复预算，并在国库系统下达预算指标。财务处依据预算指标录入用款计划，财政处室审核批复。财务处依据指标下达，进行财政拨款资金的收款确认与账务处理。审计处负责收入业务的执行与检查监督。

2. 专户核拨的事业收入流程

专户核拨的事业收入是指高校收取学生的费用。主要是依据上级主管部门批准核收的行政事业性收费项目标准收取。事业收入收费是指学校依据国家法律、法规，在实施高等院校教育的过程中，按照成本补偿和非营利原则向受教育对象收取的费用。收费内容包括根据国家计划任务招收的学生的学费、住宿费；自费来华留学生的报名费、学费、住宿费；成人教育学生的学费等。

（1）收费立项程序。

收费必须严格履行审批手续，严禁未经审批的收费行为。收费项目立项审批，按以下程序进行：一是由学校教务处等职能部门根据上级有关收费的规定和学校的实际情况，提出书面申请，内容包括收费项目、收费范围、收费理由、收费对象、收费标准及经费使用建议等；同时还应提交有关收费依据（如国家或地方颁布的法规、政策等）报财务处。二是财务处审核后报经学校校长办公会审议，上报收费主管单位审定项目及标准。三是学校根据上级主管部门批准核发的收费许可证所核定的收费项目、收费标准执行，实行"收支两条线"管理。

（2）收费环节程序。

财务处向上级有关部门申办收费许可证和收费项目、收费标准的立项、报批以及变更手续。财务处负责收费票据的申购、登记、发放、缴验、年检等日常管理工作。教务处提交应交学费名单及学号、班级等信息。

财务处负责依据学校收费许可证中所列的收费项目和收费标准实施收费。财务处收取学费后按规定及时上缴财政部门。审计处对学校各项收费的执行情况和票据使用情况进行管理和监督。

三、高校支出业务控制

高校应当在人员支出、公用支出、项目支出等项目上的支出事项申报理由充分，实际开支符合有关规定，原始凭证合法有效，会计核算准确的情况下，严格进行各类付款审批，手续齐全，支付准确的操作，完善本单位的支出执行机制。

高校的支出业务流程主要包括支出业务总流程、借款管理流程、经费报销流程和各项经费管理流程等步骤，其目的是控制明确经费支出流程的各个节点、岗位分工、管控要求，以及对各个流程节点进行详细说明。另外还要规范对诸如经费支出、借款、差旅费、会议费、接待费、公务卡、培训费、出国（境）费、车辆维修费等各种费用的重要的流程节点、岗位分工、管理控制等流程的要求。经费负责人对职权范围内经济活动的真实性、合法性、有效性负责；对不真实、不合法、不规范的票据，不得进行报销。经费由各单位行政负责人审批。因特殊情况需他人代审批时，需向财务处提供书面委托。

（一）高校支出业务的授权审批权限

1. 未列入预算的经费审批

单笔达到或超过人民币 20 万元的资金的使用，由资金使用单位提出书面申请，经分管校领导、分管财务校领导审核签字后，提交党委常委会审批。单笔低于人民币 20 万元的资金的使用，由资金使用单位提出书面申请，由经费负责人签字后，经分管校领导审核签字后，由分管财务校领导审批。

2. 列入预算的经费审批

凡单笔金额在 5000 元（含）以下的基本经费由各单位经费负责人审签。凡单笔超过人民币 5000 元的基本经费，由各单位经费负责人审签，同时报分管校领导审批；单笔达到或超过人民币 12 万元的基本经费同时报分管财务校领导审批；单笔达到或超过人民币 50 万元的基本经费同时报校长审批。凡单笔在人民币 10 万元以下的财政性专项经费由项目负责人审签；单笔达到或超过人民币 10 万元的财政性专项经费由项目负责人签字后报分管校领导审签；单笔达到或超过人民币 20 万元的财政性专项经费同时报分管财务校领导审批；单笔达到或超过人民币 50 万元的基本经费同时报校长审批。

（二）高校支出业务报销手续和要求

办理各类经费支出业务，凭合法的票据、齐全的审批手续以及相关的协议合同等有效财务资料到财务处办理报销手续。一是报销的各类单据，必须在发票背面的左边注明支出用途和列支渠道，由经办人、经费负责人签字。涉及固定资产的业务，同时持学校国有资产管理处出具的入库单。二是购置大宗或批量办公用品、元器件、材料，报销时应附加盖供货单位公章的明细单、入库单及学校合同文件。三是维修、安防等工程项目，总价在 2 万元（含）以下应提供工程支出清单、工程验收报告；总价在 2 万元以上的工程还需提供合同、竣工结算单；总价在 10 万元以上的维修改造工程项目还需提供工程结算审计报告。四是用于出版等费用报销时，需签订出版合同。五是去外地参加会议、培训、调研等发生的费用，需附审批单、差旅费报销单。探亲差旅费报销，由人事处负责人审签并附《探亲审批单》。六是符合政府采购集中采购目录及标准的业务报销发生的货物类费用报销，如属于协议采购的持《政府采购办公用品定点供货合同》《政府采购验收结算书》；如属于项目采购的持《政府采购合同（货物类）》。报销会议费时，同时持会议结算单（含附件）和会议纪要。发生的工程类费用报销，持中标后签订的正式合同。七是领取合同工工资、劳务费等，均须登录财务酬金系统申报，由单位负责人审核后，报人事处汇总审批。领取临时聘请人员的劳务费、评审费等人员经费支出时，需填写领款单并附明细表，由领款本人签字，不得虚报冒领，并按国家有关政策，依法缴纳个人所得税。

（三）高校支出业务通用报销流程

高校支出业务通用的报销流程主要有以下步骤：一种是各下属单位（部门）费用报销时，经办人填写费用报销单，证明人签字后，再经所在单位（部门）负责人审核后，附上相关单据，提交到财务处会计进行复核。另一种是二级单位经费负责人审核通过后，提交到财务处审核，再报给财务处会计复核，没有错误后依照经费支出审批权限进行审批。最后由财务处出纳依照审批结果办理支付手续。

（四）高校差旅费报销流程

1. 差旅费支出范围

工作人员因为工作内容需要赶赴工作城市之外的地方进行工作，由此产生的费用就是差旅费。例如城市之间的交通费、住宿费、伙食费、公杂费等，都属于差旅费的开支范围。需要注意的是，城市之间的交通费和住宿费是要在规定标准之内凭票据进行报销的，伙食补助费和公杂费则是实行定额包干原则的。

2. 严格公务出差审批制度

要严格公务出差审批制度，做到以下五个"严"：必须按照规定报有关领导批准，从严控制出差人数和天数；严格管理出差旅费预算；严禁无实质内容、无明确公务目的的差旅活动；严禁以任何名义和方式变相旅游；严禁异地部门间无实质内容的学习交流和考察调研。出差报销的必备凭证是出差审批单。这一凭证需要有职能部门及各二级学校领导班子成员（处级）分管领导审批，其他人员则需要二级单位负责人审批。如若没有经过审批同意而私自出差的，差旅费用要自行支付。

第二节　高校收支业务存在的内部控制问题及原因

一、高校收支业务存在的内部控制问题

（一）乱收费现象时有发生

某些乱收费的现象主要表现在相关职能部门在新设立的收费项目中没有经过物价部门的审批而私自立项收费，例如一些场地出租费、图书馆的图书罚款收入等。虽然高校主管单位财政、教育、物价等部门都对高校内的收费项目进行了严格管理，但仍有一些行为屡禁不止。例如没有被上级有关部门检查发现或者未收到上级有关部门转来的投诉，高校就会选择隐瞒或者采取被投诉、发现后才退钱的做法，甚至有些相关职能部门还会对乱收费行为采取默认或者纵容的态度。

（二）自收自支，坐收坐支

自收自支，坐收坐支的情况也很多见。如一些由本学院、部门的未按照制度规定收到的款项，即使全额上缴到学校，却被用在本学院、部门其他的项目开支上，尤其是一些办班的费用，甚至还有一些高校下属二级单位把合作单位中的经费分成直接从收到的培训费中扣除，只上交给学校财务剩下的差额，这样就会有一部分费用不在学校资金管理范围内，因而出现了腐化问题。还有一种情况是，一些下属单位利用学校现有的资源进行投资创收，不仅不上交所得资金，还将该收入用于部门支出，形成资金坐收坐支的现象。等到高校财务部门发现这些问题时，已经为时已晚，而且这种不经批准而随意使用资金的行为，一旦不进行严厉的处罚，就更容易使下属单位存有侥幸心理，一犯再犯。

（三）收入不纳入学校财务统一管理

《行政事业单位内部控制（试行）》明确指出，单位的各项收入必须由财务部门依法管理并进行会计的核算，禁止设立小金库或账外账。现在一些高校二级单位会少报瞒报收入，进行一些未经学校授权批准，私自与外单位签订合作办班协议的行为，并且这些协议中对学校分成部分提及很少或根本没有涉及，由此对学校的收入造成了不利影响。一些高校二级单位会利用本部门管理学校资源的便利，用一些不良手段做成账外账，如悄悄使用小收据把服务收入截留在本部门；还有一些二级单位会虚开酬金并发放名单去领取劳务酬金，然后存放到本部门之后再进行分配。

（四）支出业务未真实发生，经常出现发票虚开情况

高校现在采用的项目预算管理制度也存在着一些漏洞，一些院系、部门会在学校经费刚一下拨后，就想法设法地用报销的方式把学校预算下拨的额度支出，就算有时候会计人员发现了某项支出不符合规定，经办人也会想办法用其他符合财务报销的票据来入账，直到把项目核定的能够使用的额度全面报销完，但其中符合"财务报销要求"的票据并不一定是真实发生的相关业务。另外，还有一些科研老师在对横向科研经费的认识上存在着错误认知，他们认为这些横向科研收入是自己辛辛苦苦赚来的钱，自己对其拥有绝对的支配权，甚至会把横向科研费用在自己的家庭或个人的支出上，但这些费用的支出都不属于科研收入所对应

的支出业务。

（五）大额支出缺乏科学计划，资金浪费严重

很多高校在前期没有进行客观的科学论证和决策，后期为了配合快速发展的路子，不断扩大基本建设的规模，容易造成在建设过程中资金浪费的现象。

二、高校收支业务内部控制存在问题的原因

（一）内部控制的意识和制度落后

在现代市场经济条件下，目前很多地方采用的都是内部控制制度，也就是为了维护财产物资的安全完整，保证会计信息真实可靠，保证经济管理活动符合其自身规律和法律法规，调整、检查和制约所有经济管理活动所形成的制度体系。并且由于高校的特殊性质，大部分人会认为利益至上是高校作为独立利益主体的一个最大的追求原则，所以高校内部控制职能可以稍微弱化。在这种错误想法的引导之下，造成了很多高校上层领导对建立健全内控制度不重视，或者是制度不够完善、制度执行不到位。甚至领导会在强调灵活性和人性等各方面的压力之下降低标准，引发贪污挪用公款、公款私存或者为了谋求小团伙或个人利益链而走险、增加名目、偷改账目或建账外账、搞小金库等现象。这些都是失去原则性并忽视现行的不够完善的内控制度造成的。

（二）没有完善的监督制度

会计监督之所以没有明确的会计法律体系可以遵循，是因为《会计法》的实施细则还没有出台。从"内部监督、社会监督、政府监督"三位一体的财务监督体系上看，这三方都没有做到监督落实工作。首先，内部监督方面，高校的财会人员权力有限，不能够及时地全过程地参与学校各项与财务有关的活动，更是难以发现一些违法违纪的情况，即使发现了，也是在事后，没有办法做到及时有效地阻止；同时，内部监督的审计部门威信不高，力度不大，审计职责发挥不出来，监督作用大打折扣。其次，社会监督方面，因为会计信息具有一定的信息差，外部审计要想获得准确完整的财务信息就很困难，或者获取成本太高，也会导致社会监督失去其应有的作用；即便是外部审计有所发现，那也基本上是事情发生后

的审计结果了，并不能在事前及时有效地发现问题并予以纠错，发挥其审计的作用。最后，在政府监督方面，高校的核心业务是教学科研，其特点是需要开放、自由、独立、宽松的环境，这就要求政府减少行政干预，给予高校更多的办学自主权，政府监督的难度也由此加大。从以上分析中不难看出，在目前市场经济条件下，高校经济活动复杂多变，各项经济活动风险不一，经费来源和经费使用的不同使得财务监督没有统一的标准。

（三）财务管理人员素质偏低

目前财务管理中还存在一个很客观的问题，就是财务人员的整体素质较低。随着近些年高校规模的扩大，财务团队中的人数也在增加，但会计人员的相关专业技能和思想教育却没有得到提高。这一方面是高校自身的原因，学校没有对财务人员进行高度重视，把上级财政部门规定的每年必须进行一次的财会人员专业素养培训的继续教育时间缩短到三四天，自然也起不到提升财会人员素养的效果，这也直接影响了财务工作的效率。另一方面从财务人员自身来看，因其所处的工作环境足够稳定，使其失去了竞争意识和危机意识，缺乏继续学习的动力，久而久之业务水平也会有所下降。

（四）财务的管理分析职能没有有效发挥

通过使用事业计划、会计报表和预算执行情况表等对高校一定时期内的财务收支状况进行系统分析、比较和总结，然后取得对高校这一时期内经济活动和事业发展状况的规律性认识，最后运用管理会计的职能对财务的工作加以反映、监督、预测和控制，这一系列的操作就称为财务分析。当前，大部分高校只重视会计预算和会计核算两方面，这就使得会计的管理职能得不到完全发挥。但同时，高校和企业一样，都会面临着扩大规模和提升层次方面的双重压力，这也就使得高校的财务管理上存在着推行管理机制的创新和防范风险等许多有待解决的问题。

第三节 高校收支业务内部控制的改革举措

一、完善高校的内部控制制度

高校要想控制好内部的财务管理，就必须要实行统一的财经政策和财务制度，由财务部门统一制定和颁布符合国家各项法律法规政策的各项财务制度，同时还要对各项财务制度进行完善和补充，做到与时俱进。高校一旦依据《行政事业单位内部控制（试行）》制定并完善好本单位的内部控制制度后，就必须达成统一认识，从上到下严格遵照执行。严禁主管领导遇到问题时讲人情、打招呼，严禁会计人员区别对待、阳奉阴违。财务部门更要做到以下几点：管理好学校所有的经费收支工作；杜绝高校收入流失、支出失控问题的发生；充分发挥资金的使用效率。完善高校的内部控制制度要做到：第一，高校必须要严格执行收费标准审批公示制度，财务部门经过学校行政办公会批准后执行，同时要就收费项目和收费标准向主管物价部门申请办理收费许可证，推行凭证收费，将所有的收费项目、标准向公众公示，自觉地接受来自社会各界的监督。第二，高校财务处要制定出详细的费用报销标准，对各种费用开支范围和开支标准都要进行明文规定，尤其是学校教学、科研、学生管理、行政管理、后勤管理等各个方面的工作，而且在标准制定时要和各个教学院系、机关处室详细商量讨论，日后要以此作为各项费用控制的最基本的依据，例如高校差旅费管理办法、学生实习经费管理办法、科研经费管理办法、办公经费管理办法等。

二、健全高校财务监督制度

要想健全高校财务监督制度，就必须对以往传统的事后检查、会计监督的形式进行改革，建立一套全新的监督系统。这项新的监督系统要包括做到科学规范的事前预测、会计控制、检查分析、绩效评价的方法，从上层建筑层面加快财务监督制度的推行。另外，要对学校及其下属单位的内部收支情况和经济效益进行监督，这就需要提高大学审计部门的权限，使其独立行使内部审计的职责和权力，这样才能为学校加强财务监督多把一道关。除了以上两点，还要重视创建完善事后惩罚机制，加大财务违法成本，这样会使那些想违反会计制度的潜在行为者在考虑到预期成本高出收益成本后而自动放弃违法行为，同时达到事后惩罚制度实施的目的。最后，要从政府监督层面考虑，可以建立以巡视制度为主要形式的政府监督体系。在现在，巡视制度作为国家反腐的一把"利器"，起到了至关重要的作用。所以，政府可以利用这一方式，建立包括财政、教育、物价、税收和审计等相关部门在内的针对高校的财务巡视团队。这一巡视团队的建立可以促使会计尽快立法，使事业单位会计监督在全部监督系统中的作用进一步明确，可以使相关部门加紧对《会计法》实施细则的研究，提高其操作性，并且《会计法》要和一些相关配套法规如《高校内控制度》的实施同时强化，使会计监督真正做到有法可依。

三、加强大学财会队伍业务能力的培训

必须要加强大学财会队伍业务能力的培训，因为所有的内部控制制度和各种规范都是要人来控制并实现的，而每一个人又都被内部控制所影响，且自身的工作也在同时影响着他人的工作和内部控制系统。所以这就要求财务工作者更清楚地认识自己在内部控制中的位置和作用，只有每个人都各司其职，才能达到步伐一致，保证高效内部控制的有效运转。因此，高校必须要重视财会队伍的建设，尤其是财务部门领导要带头学习，带动财会人员的继续教育，使培训的作用得到真正的发挥，所有人都能有所学习和感悟，而不是敷衍了事。此外，高校要从职业道德、法律观念和忧患意识等方面全方位地提高财会人员的个人素养，打造出一支思维开放、有超前意识、业务熟练、勤奋和诚实的财务团队。最后，高校要建立一套责权清晰、赏罚明确的绩效考核体系，健全并严格落实激励机制，对于表现突出的会计人员要给予精神和物质奖励，对违规操作的行为，不管是否造成损失，都要严肃处理，不能够放任不管，视若无睹，姑息养奸，不断从机制上促使会计人员自发地去提高自身素质。

四、建立完善的评价体系

高校必须要建立完善的财务评价体系，这是因为高校收支业务活动的整个过程都贯穿了财务会计的管理。不管是开始时候的预测工作，为编制财务预算书提

供根据，还是在控制执行过程中进行复核收支并全程跟踪管理，或是在决策上，通过对比分析结果提出最优方案，以及最后的评价阶段，对所有活动进行绩效考核和对下一个会计期间的决策提供资料依据，整个过程都贯穿了管理会计。高校决策层可以使用管理会计中的部分分析法，例如本量利分析法等，在为高校未来规划、控制、决策与考核等紧要时候提供及时有效的信息，使高校决策层作为决策根据。甚至可以对高校近年来财务收支情况的数据进行比对，据此掌握高校的收入构成、支出构成及每一项收支每一年增加减少的变动情况；对财务报表的分析，有利于做出正确的决策，统筹安排，更合理地利用资金等。

第五章　高校财务管理中的风险控制

随着高等教育事业的迅速发展，我国高校规模和投资建设规模不断加大，其面临的财务风险也随之加大。本章针对高校财务中的风险控制进行介绍，包括高校财务中的风险基本情况、高校财务风险评价和预警体系的构建。

第一节　高校财务中的风险概述

一、相关概念内涵

（一）风险

现实世界中的不确定性和人类对其认识的有限性就会产生风险。人们之所以习惯把不利事件发生的可能性叫作风险，是因为在人类认识当中，风险通常和损失联系在一起。关于风险的定义并没有得到统一，不同的学者提出了不同的定义和解释，有从可能性和不可能性角度出发的，有从预期和实际出发的，还有从主观与客观等角度进行描述的。《韦氏词典》将风险定义为："危险；危难；遭受损失和伤害"。其他有关风险的定义有风险指出乎意料的可能性""风险是指人们对结果的期望值与客观实际结果发生差异的不确定性""具有不确定性的损失就是风险""风险是在风险状态下一定时期内可能产生的结果变动"。

彭韶兵、邢精平将风险归纳为三种观点，即"危险损失观""结果差异观"和"不确定性观"，并认为用"不确定性观"来归纳风险更具代表性。他们将风险定义为："风险是事件的不确定性所引起的，由于对未来结果予以期望所带来的无法实现期望结果的可能性。"[1] 简而言之，风险是结果差异引起的结果偏离，即期望结果的可能偏离。该定义指出对未来结果的期望是风险产生的根源，并揭示

---

① 彭韶兵，邢精平．公司财务危机论 [M]．北京：清华大学出版社，2005.

了风险的实质是结果偏离。

由于风险是以一定的发生概率的潜在危机形式存在和可能性，不是已经存在的客观结果或既定的事实，因此，研究和控制风险的目标应是设法降低风险出现的概率，阻止风险的潜在性转变为现实性，阻止可能的危机转化为现实的损失。

（二）财务风险

研究财务风险首先要了解财务的本质。对于财务本质的研究现有文献有五种代表性的观点：货币关系论、资金运动论或资金关系论、价值分配论或分配论、本金投入与收益论和财权流。其中，资金运动论在中国财务理论界统治长达四十余年。这种思想也直接影响到研究者对高校财务风险的界定。

对于财务风险的含义，现有文献有三种代表性的观点：

（1）认为财务风险是企业资金运动（或财务活动）过程中存在的风险，包括投资风险、筹资风险、股利分配风险、资金运营风险、外汇风险等。众多研究财务风险计量、预警、控制和管理的文献都以此为基础。很多学者认为，财务风险应该包括资金运动的全部风险，财务风险等同于财务管理的风险。

（2）认为财务风险是与企业筹资相关的风险，尤其是指财务杠杆导致企业净收益变动的风险，甚至可能导致企业破产的风险。在几乎所有的西方学术著作中，均将财务风险视为筹资风险，它是具有负债筹资的企业所特有的风险。在规范的理财学术研究中，企业资本结构的设计与优化，就是在负债带来的财务风险和利用负债产生的收益间的权衡过程。在财务上投资和筹资是分离的，资本结构属于筹资领域，投资风险属于投资领域。

（3）认为财务风险有狭义和广义之分。狭义的财务风险是由企业负债引起的，具体说就是指企业因借款而丧失偿债能力的可能性。广义的财务风险是把企业的财务活动过程作为一个完整的系统，包括筹资、投资、资金运作、收益分配四个有机联系的环节，在各活动环节中都有可能产生风险。有专家认为，财务风险通常有两种理解：广义的财务风险是指经济实体各类风险的货币化表现；狭义的财务风险特指经济实体在开展各项经济活动中因资金筹措、投资和日常运营所面临的风险。

（三）高校财务风险

1. 高校财务风险存在的客观基础

财务风险原本是企业财务管理的一个重要内容。我国公办高校是依靠财政拨款的事业单位，传统意义上不存在财务风险。但是，随着 20 世纪末 21 世纪初我国高等教育的快速扩张和发展、行业竞争日趋激烈、经费投入的短缺日益凸显、高校在办学资金的筹集和使用等方面的法律环境出现了新的变化、高校自主权不断扩大、高校独立法人地位逐步完善、高校管理的效率意识不断增强，这些使得高校的管理思维开始更多地借鉴和运用企业管理的有用经验，高校正在明显表现出由过去无风险管理到现在的风险管理的财务管理模式。

2007 年 5 月，由时任全国政协副主席张梅颖率领的全国政协委员"高校贷款情况"视察团赴重庆市、湖北省进行视察。全国政协在经过对 30 多所高校的调研后，发布了一份含有警告意味的高校负债问题的报告，这份报告中说到，部分高校存在着严重的财务风险，这种风险严重可能影响到社会危机。

企业之类的营利性组织是最早有着财务风险研究苗头的，也划分了狭义的财务风险和广义的财务风险。从企业负债中引发的，不能够偿还债务的情况是狭义的财务风险。把企业财务活动过程看作一个包含了筹资、投资、资金占用、收益分配这四个环节的完整体系，而这每个环节中都可能出现的财务风险就是广义的财务风险。本书认为对高校财务活动的解释说明，也应该从财务活动的全过程、财务的总体观念出发。

2. 现有文献对高校财务风险的界定

在已有研究高校财务风险的文献中，对高校财务风险含义的界定比对企业财务风险的界定更广，几乎涵盖了高校已经或可能出现的所有困境。概括如下：

（1）高校财务风险是指高校在事业发展过程中因资金运动所导致的某种不利事件或损失发生的可能性及其后果。此观点有比较广泛的代表性，但学者们从不同侧面进行了研究，对高校财务风险内涵有以下表述：

①指高校资金在营运过程中，主观愿望与客观现实相背离，现实的财务结果与理想的财务预测之间存在差异而造成的财产损失。

②资金运动面临的风险包括资金筹措、投资和日常运营所面临的风险。

③资金运动面临的风险表现在预算收支不平衡、资本结构不合理等方面，并

认为资本结构不合理是财务风险产生的根源。作者将高校财务状况根据资产负债表划分为三种类型：一是正常的资本结构类型。即流动负债主要用来筹集流动资产，自有资金全部用来筹集固定资产。二是异常资本结构类型。即资产负债表中累计结余是赤字，表明一部分自有资金已被亏损吃掉，从而总资本中自有资金比重下降，财务风险已经出现，须采取风险防范措施。三是不合理资本结构类型。即资产负债表中累计结余赤字数额巨大，表明亏损吞噬了全部自有资金，甚至吃掉一部分负债，此种资本结构已属不合理的资本结构类型，严重的财务风险已具有不可逆转性。

④指财务状况总体失衡所产生的流动资金短缺和净资产亏损的风险。

⑤指因资金运动受难以预测的因素影响，而出现与初衷利益相悖的潜在损失。它反映了高校财务风险的三层管理属性：一是由资金运动而引起的风险，二是风险的货币化表现，三是受不确定因素影响而形成的财务收益偏离预期收益的潜在损失。

（2）高校财务风险是高校运作所有方面的风险。相关学者在运用 AHP 法计量高校财务风险评价指标权重时提出，融资风险、投资风险、扩招风险、收费风险、接受投资风险、联合办学风险、后勤社会化财务风险、财务管理失衡风险等，都属于高校财务风险的范畴。

（3）高校财务风险指贷款风险。有学者提出由于公办高校的财务风险主要来自银行借款，因此对公办高校财务风险的研究就转化成对高校贷款的风险研究。有专家运用预算软约束和产权等经济理论，对高校贷款风险的产生根源进行了理论分析，从偿债风险、利率风险、政策法规风险、委托代理风险、管理风险、规模风险、担保风险、发展风险等几个方面总结概括了高校贷款风险的表现。

（4）财务风险和财务活动相伴而生。只要有财务活动，就必然存在着财务风险，高等学校也是如此。

（5）高校财务风险是指由于会计人员人为的工作失误带来损失的行为。专家认为，会计人员人为的工作失误包括由于错报、漏报、多报会计信息，使财务报告失实或依据失实的信息误导监控行为而带来损失的行为属于财务风险。

（6）高校财务风险是高校蒙受经济损失、引发财务不安全、陷入财务困境等的机会和可能。高校财务风险主要是指在高校的财务活动中，由于受各种不确定因素的影响，进而出现高校蒙受经济损失、引发财务不安全、陷入财务困境等的机会和可能。作者将财务不安全和财务困境视同财务风险。

（7）高校财务风险不能等同于筹资风险。有学者认为高校的财务风险不能等同于筹资风险。筹资风险是目前我国高校扩招和建立大学城情况下最显著的风险，但并不代表高校全部的风险。

纵观学术界对高校财务风险的界定，有些是将高校目前已经表现出来的方方面面的困境均视同财务风险，将高校财务风险的内涵无限扩大。郑鸣、黄光晓在《我国高校财务困境预测研究》[①]一文中引入了高校财务困境、财务恶化、财务危机和财务风险的概念，但没有对它们进行区分和界定。专家提出，高校财务风险是在我国社会主义市场经济条件下，在高等教育迈向大众化道路的过程中双重因素下出现的衍生物。

二、高校财务风险的分类

由于对高校财务风险的界定过于宽泛，在探讨高校财务风险类别时，既有从资金运动环节对高校财务风险进行的分类，也有从管理内容及其他方面进行的分类，概括如下：

（一）筹资环节风险

筹资环节所面临的风险表现为举债风险。在筹资方面，目前我国公办高校教育经费来源中，除了"债"是有偿使用，需要到期还本付息以外，其他教育经费筹资方式都属于无偿性的财力支持。高校因为向银行等金融机构进行过度举债或不良举债而产生的不确定性就称为筹资风险，这种风险会导致教学科研和人才稳定等不良后果可能性的加剧。有专家也对高校大规模举债表示担忧，提出应该注意公办高校贷款不断增加所蕴含着潜在的财务危机和金融风险。

（二）投资环节风险

如果有到约定日期但是无法回收本金和校办产业的连带责任出现，那这就是投资环节出现的风险，称为投资环节风险。在我国高校投资中，这种风险情况多是表现在由学校创办或控股的以营利性为目的的公司企业的投资上，也就是校办

[①]　郑鸣，黄光晓. 我国高校财务困境预测研究 [J]. 经济纵横，2008（5）：79-81.

产业投资或一些其他对外投资，如债券投资和其他投资。这两种投资一般都是有自己的管理核算系统，和学校行政不产生关系，学校的一部分收入是从这些投资所产生的利润中抽取，所以一旦这些投资到期，但本金的收回很困难的话，那就会产生相应的风险，并且这种风险也可能会给高校带来相关的连带责任。所以，相关文献中对高校投资风险的分析主要就是这两方面，一个是校办产业到期后收回本金困难的风险，另一个就是这种校办产业出现的连带责任风险。

（三）日常运营环境风险

日常运营环节的风险表现为流动资金短缺、日常运转极度困难等财务状况失衡。这是从资金运动环节对财务风险所做的分类。从资金运动环节研究高校财务风险的文献将高校的"运行""运转"视同于"运营"，是借用了企业管理中"运营"的概念，文献指出，高校运营环节出现风险，则表现为流动资金的短缺、日常运转极度困难等财务状况失衡。

（四）金融创新风险

这种风险属于微观的金融风险。由于高校对自身的资金运作拥有一定程度的自主权，但资金运作受政治、经济、文化、自然等因素的影响，这些因素千变万化，带有不确定性。

（五）管理人员素质风险

"人治"现象、凭经验管理，缺乏科学的决策机制、严密的管理制度、专门的管理人才，管理存在随意性，可能招致诉讼、处罚等风险，给高校带来经济损失。

（六）教育教学类风险

连续扩招导致生均校园面积下降、生均图书资料、教学仪器、实验设备数量下降，教师满负荷工作没有更新知识的机会，教学能力、科研能力降低，导致培养出来的学生就业能力低，使学校无形资产受损，生源短缺，最终导致财务风险。

（七）法律法规缺陷风险

包括学生为维护自身权益和学校产生的法律诉讼风险、学生伤亡事故风险、教师流失风险等。

（八）净资产潜亏风险

净资产潜亏是指高校净资产的账面余额少于净资产的应有余额。

通过梳理高校财务风险类别相关文献发现，对高校财务风险类别的研究尚没有形成统一的范式，除了筹资、投资、日常运营是围绕资金运动环节所做的分类外，其他分类与高校的财务活动并没有直接的关联性，将本来不属于财务风险内容但在日常运作中出现的事故、责任、困难、问题均归类为财务风险，使高校财务风险的外延被过度夸大，而与高校财务活动密切相关的预算编制风险以及预算执行风险却没有述及。如何立足于高等教育发展的功能和制度创新，结合公办高校财务活动的特点，科学合理地划分公办高校的财务风险类型，是有待进一步研究的课题。

三、高校财务风险的特点

高校资金运作有其特殊性，这种特殊性主要是表现在高校的财务收支活动上，这种财务收支活动既有组织和管理这一过程的管理体制和机构组织，还具有其自身的目标、内容、职能、任务和原则，这些组成部分都表明了高校财务收支活动是一个非常复杂的系统过程，而这说明了高校资金运作有着自身的特殊性。高校独立法人的地位也在随着时代的发展而不断变化并逐渐确立下来，相应的高校财务的职能和内容也在逐渐发生改变，如除完成预算收支计划、考核预算执行结果这些基本要求没变之外，高校在发展过程中还面临着优化资金支出结构、拓宽资金筹集渠道等新课题。同样的，高校资金的筹集、使用、调度和集中都在跟随时代的发展而快速变化，越来越多样化和复杂化，所以高校的资金运作形式不得不跳脱出传统的范畴，财务风险在依法自主筹集办学资金并自主使用资金的过程中，也面临着新的困境。

高校作为非营利组织，其组织目标与资金管理与企业有着本质的差别，高校的支出没有补偿性，产品没有营利性，资金周转缺乏再生能力，财务风险亦有别于企业。高校财务风险的特征可归纳为以下五个方面：

（一）现金流障碍是风险显现的本质特征

20世纪末21世纪初我国高等教育在跨越式发展中，资金问题一直是困扰高校发展的重要方面。由于高等教育是社会的公共产品，高校的资金本身不具有增值性要求。长期以来，我国高校资金的取得与使用都会在明确资金的供应渠道与方式的前提下进行，一般不通过高校自身信用形成负债资金，因而高校比较缺乏财务风险的意识。然而，因政府对高校校园基本建设上的投入不到位而引发的高校巨额贷款产生的财务风险时有发生，其基本特征就是现金流的短缺，甚至出现现金流的断流，学校正常运行发生困难，引起社会各界的高度关注。

（二）短期集中爆发

我国高校在资金上的问题不是局部的，而是整体的。高校大额贷款产生的筹资风险是我国高校在迅速扩张中的集中反映，其演变过程与我国高等教育发展中的政策导向有着密切关系，也是政府、高校与银行金融机构共同作用的结果。

（三）长期隐性存在

在高校贷款引发高校财务风险的同时，我们还要关注高校资金运营的自身规律。高校在资金投入总量和目标任务的配比、财政投入的模式和结构、收支配比、预算管理等方面的问题也是我国高校财务风险长期存在的隐性原因。

（四）举债风险突出

在筹资方面，目前我国公办高校教育经费来源中，除了"债"是有偿需要到期还本付息以外，其他教育经费筹资方式都属于无偿性的财力支持，所以筹资风险是指高校向银行等金融机构进行过度举债或不良举债后产生的严重影响教学科研和人才稳定等不良后果的可能性。

（五）存在校办产业投资与连带责任风险

我国高校投资主要有两种，一是由学校创办或控股的以营利性为目的的公司企业的投资，也就是校办产业投资；二是一些其他对外投资，如债券投资和其他投资。高校投资风险的分析中，我们既要关注校办产业到期后收回本金困难的风险，也要关注校办产业出现的连带责任风险。

四、高校财务风险的演变机理

20 世纪末 21 世纪初我国公办高校群发性财务风险大规模形成的演变机理，我们可以用生态学的共生理论来进行分析探讨高校、银行及政府三者共生状态下在高校财务风险演变过程中经历的风险聚集、发生及化解等三个阶段的内在逻辑及规律。

（一）共生理论下财务风险演变机理的特征

生态学中，生物适应环境的动态过程和最终结果是其本质，这一本质也称为"共同生存"，从这一点上看，20 世纪 50 年代以后，一些国外文献在社会、人文、法律等方面的研究中所借鉴和使用的共生理论概念，以及共生理论下的财务风险演变机理就都源于此。共生理论对财务风险的解释是组织作为独立的经济体，因彼此之间同类资源的共享或异类资源的互补能够产生新能量（即共生收益），共生收益在组织之间的分配可以导致企业配置资源效率提高和可持续发展能力的增强。个体追逐共生收益的过程就成为共生组织的首个形成过程。但是共生组织也不是利益关系上的完全统一，求同存异、协调发展才是共生组织的核心所在；但这种在不断调整、改变过程中形成平衡的共生，也不是一直稳定不变的；在遇到信息和能量的产生、交换困难的情况时，这样的共生关系也就会发生变化，消退甚至会消失。另外还可以这样理解，共生理论实在有着多个主体参与并形成的共生组织，这些多个主体共同合作下触发的共生利益会比单一一个主体或两个主体参与形成的共生组织内合作产生的利益更多，这也就会促使多个主体继续朝着同一个目标积极进取，努力发展；相应的，如果共生关系破裂使得共生利益也随之消失后，各方利益都不能得到保证，这就会对多个主体参与的共生组织中表现得更加具有冲击力和破坏力。

（二）高校、银行和政府三者的共生模式

我们对高校与银行、政府这三方之间的行为选择及其后果进行分析的前提条件，是要用共生模式进行研究，这样才能够突破单方面地、片面地理解高校、银行或者政府各自行为的局限，以此来从三者之间的相互作用、相互影响的强度上进行明确强调。只有高校、银行和政府三者在利益关系上形成具有一致性的基础，并且不管是哪一方的自身发展，都会促进其他两方的积极发展，这样相辅相成、

相互影响促进的三者关联，才能称为是一个共生组织。

同时，我们也要明白，高校和政府的利益关系是源于推动高等教育的发展，银行的利益目的是为了实现稳定收入，所以从这个思路上看，三者之间的利益具体表现形式并不是完全一致的。另外，这三者形成的共生组织能否达到一个较为稳定的状态，还是要看各自的内部结构。如果共生组织内部的各个主体地位不相同，那么这之间的共生系数也就是相互作用的影响程度也就不相同，所以也表现出了不同主体对共生组织的不同依赖程度。另外从信息交换中可以知道，高校、银行、政府三者的共生模式实际上也是一个信息暴露和互换的过程，这样在信息不公开的条件下，随着时间的变化也会引起共生单元，也就是各个参与主体的进入退出现象发生。显而易见，政府相较于高校、银行而言，在信息获取掌握方面是具有绝对优势的，这也就造成了三方信息不对称的情况发生。当我们清楚了这一点后，就可以在主体依赖性中对其行为的选择做出预测。三者的共生模式如图5-1-1 所示。

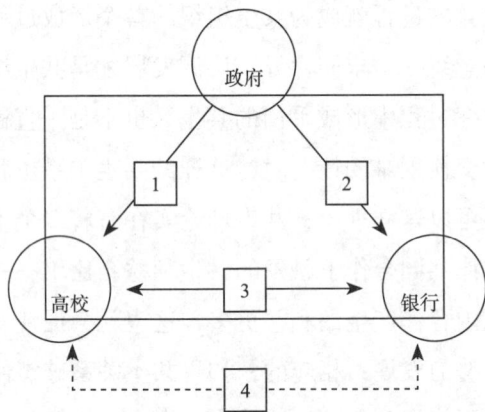

图 5-1-1　政府、高校、银行三者共生模式图

如图所示，图中有三个完全独立的主体，分别是高校、银行和政府。图示中还有一个矩形经过并包含了三者一部分内容的区域，这一区域就是高校、银行、政府三者在现阶段达到共生平衡的一个活动范围。三者在现阶段的共生平衡下发生的行为被标记为过程 1、2、3。平衡建立初期，则过程 1 代表政府支持高校向银行举债；过程 2 代表政府鼓励银行放贷；过程 3 代表"银校合作"。图示下方还有标记为过程 4 的矩形，这表示过程 4 是不在共生组织之内的，没有政府的参

与，它只受市场支配，用虚线连接则是表示高校和银行之间的这种业务关系和数量越来越少。上文提到的各个主体之间对共生组织的依赖程度是不同的，所以图示是用圆圈和矩形的重合范围来表示这种依赖性，从图中能够看到依赖程度由高到低分别是高校、银行、政府。矩形的面积范围与信息丰度成反比，也就是信息丰度变小，矩形面积变大，信息丰度变大，矩形面积变小，共生组织的活动范围也就变小。等到缩小到一定程度时，原先过程中的1、2、3就对各个主体不再适用，随之会产生新的过程1、2、3，再重新反映新的不同行为选择。同时因为圆圈和矩形不再重合的时序具有一定的差异性，所以政府和银行会先后退出，最后只剩下高校在共生平衡被打破之后的困境中苦苦挣扎。

（三）共生理论下高校财务风险的演变模型

高校扩张的源头、高校过度贷款行为出现的动因，都是因为 1999 年高校扩张政策的确立。为了达到 2010 年高等教育毛入学率接近 15% 的目标，1999 年 1 月国务院批准实施了《面向 21 世纪教育振兴行动计划》，继而在《教育事业"十五"规划和 2015 年发展规划》中又提出到 2005 年高等教育毛入学率达到 15% 左右，2010 年实现高等教育毛入学率争取达到 20% 左右的目标。事实上 2002 年以后，高等教育毛入学率就已经实现了达到 15% 的目标，随着这一高等教育的大众化目标的提前实现，国家开始遏制高校扩张的势头，随后，高校在未来 3~5 年的短期贷款还款期中开始集中爆发财务风险。这场财务风险爆发的速度很快，规模也在不断扩大，人们对化解高校财务风险的关注度越来越高，迫使相关政府考虑到数额巨大的高校债务，不得不出台化解高校财务风险的相关政策，所以在 2010 年之后，高校财务风险的重点工作就多转为化解高校自身债务了。由此，我们认为，1999~2002 年这一阶段是由高校财务风险聚集而达到一种共生形成和相对稳定的一个阶段；2003~2009 年则是共生打破，高校财务风险发生的阶段；2010 年以后，应该是高校财务风险化解阶段，也可以看作是寻求新的共生平衡的阶段。由此，运用共生理论对以上三个阶段的分析如下。

1. 风险集聚的过程（1999~2002 年）

从浅层次上看，高校的贷款行为只是简单地和银行之间的信贷合作关系，高校通过利用银行提供的金融信贷服务来发展学校建设，银行就依靠给高校提供金融信贷服务来稳定其收益，这种银校合作的方式就可以使双方都达到双赢的效果。

从深层次上看，我们会发现，要想实现这种双赢效果，就需要有高等教育的准公共产品属性这个前提，同时这也就发现了高校在贷款时具有一个连带责任的关键特征——因为银行将高校视为政府的代理人，高校资产具有国家属性和政府担保的双重属性，这就会促使银行主动对高校进行放贷。那如果政府在资金上无力支持高等教育所带来的准公共产品外部性，却又迫切需要联结在一起时，就只能通过政策的大力支持和利用银行信贷来弥补财政资金上的不足。基于这个两个层次的思考，我们可以清楚地明白，高校过度贷款不是高校与银行二者之间的简单行为，而是在高校、银行和政府三方利益互惠的前提下，共同推动所达到的结果。

从高校的角度来看，高校在积极响应政府号召的过程中，选择了连续大规模扩招的方式，达到了在校人数明显变化的要求，这是符合政府在《面向 21 世纪教育振兴行动计划》中要求实现从精英化教育向大众化教育转变的目标的。但在这个扩招的过程中，又出现了新的问题，高校将自己打造为一个"大而全"的综合性学校，却忽略了在校人数大量增加后，教学条件上对校园基本建设方面的需求也在提高，尤其是在学校的硬件设施和软件设施方面。我国政府在中华人民共和国成立以来，对高等教育的投入并不能满足其自身建设的发展需求，这也客观上限制了高校自身的发展，迫使高校在探索资金来源中不得不选择商业银行这种具有大量金融剩余的渠道。

从银行的角度来看，银行之所以会产生强烈的扩大贷款对象、减少闲置资金的需求，是因为在商业化改革进程中，银行快速增加了巨量的存款并造成了其经营负担。银行在选择放贷对象的时候，会把容易受到经济环境影响并且改革进度困难的企业，和有着稳定财政收入和学费收入的高校进行比较，从两者各自的自身特点出发，银行自然是更愿意选择有长远成长预期且放贷安全系数更高的高校了。从高校和银行之间的利益关系上分析，可以得到这样几点信息：我国金融制度中具有的特殊聚集金融剩余能力的体现是银行贷款为高校负债融资提供保障；由于政府对规划发展中公立高校的扶植，从而使得银行能够得到一个隐性担保，并对政府产生一个期望补偿，这也就是银行对高校贷款预期收益的一种期望，同时也是一种乐观预期。

从政府的角度来看，政府对高校校园建设和银行积极放贷的行为是乐见其成的，甚至在政策上还进行了鼓励与支持。1999～2002 年，政府颁布了一大批利好银校合作的法律法规，这些法律条文的颁布实施，在一定程度上让银行放松了对高校贷款带来危机的风险警惕性，换种说法，也就是政府暗中指出了一个银行贷款可以解决高校资金困难的方式，让银行和高校参与到资金贷款流转这一模式当中。同时我们要关注到，银行自身具有的"国有"性质，也会让高校在商业贷款中以为自己获得了政府的背书。1999 年，中央政府通过其独资组建的四大资产管理公司以账面价值收购了四大专业银行近 1.4 万亿元的不良资产。此后，国家再次拿出 3000 亿元，第二次为中国建设银行和中国银行剥离不良资产，这就为银行敢于放贷提供了后盾。

高校之所以会不断贷款、盲目贷款，甚至过度贷款，是由于银校合作这种方式得到了国家政策的大力支持，还有政府在背后做支撑。这也就不难理解，银行在和高校进行协议签订中，贷款额度不断增加，甚至高达几十亿后还在持续为高校贷款。

滚雪球方式的产生是基于高校、银行、政府三者之间建立的资金互惠关系而产生的共生组织，这种组织在利益生产中有着不断放大的特性，只要这个雪球越滚越大，各方自身的利益也就会获得足够的能量，并持续进行滚雪球行为，也就是银行不断放贷给高校的操作，使得大家快速发展。

2. 风险发生的过程（2003～2009 年）

信息丰度的变化会对共生组织的稳定性造成影响，一旦这种变化使得原有的平衡被打破，而且这种变化不能为各个主体带来新收益，那么共生关系就会减弱甚至消失，最终导致共生组织瓦解。在高校扩招政策的基础上，加之政府投入不足，通过梳理风险集聚过程可知，高校、银行和政府之间建立了一种共生平衡，这也是滚雪球模型所要求的一个前提条件。2005 年高等教育毛入学率已达到 15%，这意味着高校扩招的步伐正在减缓，实际上已经实现了大众化目标，但是，如果仍然以扩招初期的速度进行贷款，高校的资金管理上必将引发一系列的财务风险，因为它无法按时偿还贷款。显而易见，大学和银行都是金融系统中不可或缺的部分。

事实上，在高校、银行和政府组成的共生组织中，若继续大幅举贷，最先尝到苦头的恰恰是高校自身。高校不但贷款势头不减，而且还要为之前 3～5 年的短期贷款支付本金和利息。到 2002 年底，教育部直属的 76 所高校贷款总额已经达到 88 亿，高校的还贷危机开始凸显，高校在还贷危机下风险已经发生。

种种迹象（信息）使国家对于高校的资金使用安全问题日益重视，于是政府在共生组织的条件发生变化后率先做出反应。2002 年 1 月，教育部、财政部联合下发的《关于清理检查直属高校资金往来情况，加强资金管理，确保资金安全的通知》强调高校要加强资金安全管理。尽管这时候还没有相应保障措施的出台，但也是政府发现高校贷款将要带来财务风险的一个明确信号。此后，政府对高校资金的使用不断加大管理力度。

政府提出要对高校的资金安全进行强力管理，甚至还通过一系列的通知、意见等政策来约束高校过度贷款，这一大批政策的实行迅速又猛烈，可见政府对高校这种行为的打击力度之大。这种从开始鼓励支持到后来不断警告限制的态度上的剧烈转变，让高校感到措手不及，甚至有一些异化。这其实也就是政府在提醒高校，不要盲目贷款、过度贷款，政府是不会一直替高校处理善后的。同时，这一信号的释放，也让银行提高了警惕，如果高校这个贷款主体在还贷集中期的时候，表现出不能到期偿还本息的状况时，后果不堪设想。所以，我们也可以从贷款主体情况异变的方面对高校、银行、政府三者主体平衡打破后的组织状态进行深层次的探讨。

从银行的立场看，银行认为的高校贷款其实就是政府买单。高校在开展的银行贷款中不表现为一个完全独立的主体，它是政府高等教育发展目标得以实现的媒介，是和政府利益紧密相联的，是政府为有力支撑的高质量客户。但高校本身作为贷款主体，不能得到银行贷款。一方面，高校本身对贷款风险承受能力不足；另一方面高校作为非营利组织在资金投入上并没有增值性特征。另外，高校还会受到如《担保法》与《贷款通则》这类法条的约束。虽然一些关于重大项目的贷款，都是经过政府有关部门进行备案或者审批，哪怕出现了问题，银行也想当然地认为应由政府承担责任。这种"政府买单"的意识使银行期望中的权责关系与现实的权责关系出现偏差，高校也基于"政府买单"的意识大量举债，于是这种贷款主体的异变其实早在 1999 年开始一度出现的"银校合作"热潮中就埋下了隐患。

从高校的角度来看，高校是被隐瞒的一方，它并不知道政府颁布鼓励银行贷款的政策背后有着什么隐含意义，只是跟着政策导向进行贷款，因而在这种信息不透明、交流不通畅的情况下，高校还认为自己使用的贷款是由政府来偿还，放心大胆地持续贷款，也让高校、银行、政府三者之间的共生系统产生不强烈的稳定性，这也是高校财务风险短期爆发性特点产生的原因。最终在扩招情况减缓后，这种"银校合作"的方式也不再被政府继续推崇，银行逐渐看清贷款主体到底是谁之后，各方的财务风险也渐渐消退。在审计署向社会公布的对中国农业银行2004年度资产负债损益情况的审计结果中显示，中国农业银行部分信贷业务存在潜在风险，其中之一就是高校贷款。正如我们所看到的，2004年以后，由于还贷困难，一些高校被银行冻结了账户，一些高校通过卖地卖房进行还贷，还有很多高校不得不采取继续贷款，用以贷还贷的方式维持学校运转，在"过度贷款"的泥潭里越陷越深。银行已经从当时的过度放贷转变为衡量高校财务风险后而拒绝贷款。至此原本由高校、银行和政府三方组成的互惠共生组织被彻底打破，彼此之间同类资源的共享已经不能带来新收益。由于共生关系的打破使得高校贷款所引发的一系列财务风险问题短期内集中爆发。

3. 风险化解的过程（2010年以后）

当高校开始背负上巨大的还款压力的时候，政府和银行也要开始审视自身的行为，三者既然形成了一个共生组织，那么高校一方的财务风险的形成和爆发，背后也少不了政府、银行这两方的参与和推波助澜。所以从另一角度来讲，在高校、银行、政府三者进行化解风险的过程中，它们又同时具备了一个新的共同利益关系链产生的可能性，也就是帮助高校化解还贷危机，同时会使得三者再次形成一个新的共生组织关系。在共生理论对参与各方产生的共生收益具有放大性特点的加持下，政府和银行一起帮助高校化解危机比高校自己独自化解危机要好得多，也会更加有效果，以促进高校尽快脱离财务危机，走向和谐稳定的发展。

从实践结果上来看，高校、银行和政府三者组成的共生组织在解决危机中是非常具有其特点的，这在目前高校财务管理的实践中表现得淋漓尽致。从高校立场上看，需要对贷款主体的责任归属进行梳理；贷款的利息支出也作为一项重要内容从以前的行政管理支出中分离出来，在高校的收入支出报表中单独列示；有计划地筹集资金用于偿还银行贷款，加强财务管理，建立绩效评价机制。从政府立场上看，政府需要在政府权力、学术权力、市场力量等这些公共政策中，努力寻找出一个适合我国国情和高等教育发展阶段的平衡点，承担其自身的责任和义务，如改革高等教育的两级举办体制，加强中央及地方财政支持大众化高等教育阶段的政府投入力度和责任。从银行的立场上来看，银行开始把高校贷款加入正常贷款评估与管理的范畴中。如在报批由财政部和教育部共同制定的化解高校债务的方案（2008）中，明确表示了不允许用新债作化债的前提，以及高校还应该积极通过土地置换、增加收入、减少开支等方法合理规划学校资源，按时偿还贷款；另外银行对高校到期贷款的情况进行讨论确定后，给予一定的时间延后，或者把短期贷款转换为政策性银行或商业银行的长期贷款，以此缓解高校清偿压力，抵消学校"短贷长用"的风险隐患；政府也对高校化债给予一定的支持，中央财政拨发了专项资用来金化解中央高校债务，地方财政也对地方高校化解提供资金支援。

第二节　高校财务风险评价和预警体系的构建

一、高校财务风险评价体系设计

（一）风险评价指标体系理论

1. 风险评价的内涵

风险评价简单来说，是一种针对信息系统实施的测评，用来发现信息系统中潜在的风险并提出对应的解决方案、发展策略等，从而为系统的安全性提供保障。如果用更准确的语言描述：风险评价指的是借助经由科学验证的方法和手段，从风险管理的角度出发，对信息系统内在的脆弱性、现在已经面临或将来有可能面临的威胁等实施系统化的分析，此外，潜在安全事件发生后造成的破坏程度，相对应的防护措施和挽救手段等，都属于风险评价的范畴。总而言之，风险评价的内涵和意义比较多样，重点在于防范并消除信息安全风险，让系统的风险保持在能够承受的程度，为信息安全防护提供最大限度的参考依据和科学规划。

如果某个组织在所有成员都没有察觉的情况下经历了一件事，则它的影响是不可预估的；可能是能够忽略的小影响，不会对管理费用等产生过度的干扰；然而，在最坏的情况下，这一影响可能是灾难性的，会产生严重的后果，例如巨大的财务负担，甚至导致企业倒闭。

为了降低风险，组织需要应用资源来最小化、监控和控制负面事件的影响，同时最大化正面事件。一致的、系统的和综合的风险管理方法可以帮助你确定如何最好地识别、管理和减轻重大风险。

首先，外部环境中存在大量的恶意的或无意的、针对性的或非针对性的安全攻击。攻击事件层出不穷，在这样的网络背景下，我们需要保护自己的资产。风险评估可以更好地帮助组织了解自身资产，了解自身存在的问题，从而修改完善，以达到更好保护自己的目的。

其次，网络安全是随着信息化伊始就存在的概念，但是对于网络安全的重视却是近几年，尤其是 2017 年网络安全法出台后才逐渐成型的。

2. 风险评价指标体系构建理论

（1）指标范围。

风险评价的方向和要求直接关系到（甚至是决定）指标范围的确定，也就是说，与主体相关指标的选取，主要参考所要评价的主体。比方说，如果风险评价的对象是公立高校的财务运营情况，则该风险指标体系的建构应选取各类与财务运行情况关联的因素，而且普遍存在于公立高等院校的正常运转之中。

（2）选取原则。

从指标统计的普遍规律来看，指标设置总数越多、设计方面越详细，就越能准确而全面地反映客观现实。所以通常情况下，指标体系的构建应该始终遵守全面性原则和整体性原则这两项重要标准。但是，这两项准则应该建立在可行的前提下，否则，数据收集处理工作总量也会随着指标量的增加而成倍上涨，给统计人员带来困难，甚至超出统计能力；此外，过于冗杂的指标之间必然导致相关性干扰剧增，乃至出现重叠项。所以，指标统计的可操作性原则和简明性原则应该是评价者考虑的基本准则。

（3）层次结构。

层次结构主要用来分析系统内部的各类组成要素，分析这些要素在整体中发挥什么样的用途、所占比例几何、分别处于什么样的地位，也就是说，它折射的乃是风险评价主体的属性。该结构应当适当忽略一部分相对次要的要素，强调那些能够体现评估对象本质的要素。

现阶段我国的财务风险评价指标体系主要包括三方面：盈利能力分析、短期偿债能力分析、长期偿债能力分析。也有一些评价体系基于组织运转的现金流量，重点把握两个指标：现金盈利值（Cash Earning Value，简称CEV，指按照组织的现金流量表所统计的财务信息，以现金制为前提条件，计算出的企业现金净收益）、现金增加值（Cash Value Added，简称CVA，是企业支付了各项现金分配后的留存现金收益，具体指基于现金制的条件，在企业实际的"现金盈利值"的基础上扣除分配股利付现后的剩余金额）。

3.常用的指标体系评价方法

（1）单变量判定模型。

在企业财务人员最初认识并有意识地分析财务风险时，单变量判定模型是最先采用、最直观的评估方法之一。企业经营中最常见的单变量判定模型标准有资产收益率、资产负债率两种。其主要参考原理是：一旦企业出现了财务困境，其财务比率就会发生变化，和正常企业的财务比率拉开明显的差距。但是，单变量判定模型已经逐渐无法适应当代企业的运营与财务管理工作，因为现代经济社会的经营环境越来越复杂、越来越多元，如果仅仅在财务风险评价中采用单一变量，必然会使得评价结果不够全面，受到管理机制的限制。

（2）多元线性评价模型。

为了更好地适应当代财务运营的规律演变，在单变量判定模型的基础上，多元线性评价模型逐渐得以构建并发展延伸。多元线性评价模型的优势在于它能够计算若干不同变量对于评价主体的影响，不过，也需要专门分析和处理线性相关的问题。该模型的应用原理是变量服从多元正态分布。

（3）综合评价法。

使用综合评价方法的核心也是明确相对可观的标准评分值和标准比率。综合评价方法可能采用指标极大型变量指标、极小型变量指标或者区间型变量指标，总之它的变量浮动范围比较大。不过，凡采用综合评价法，在为指标数值打分的时候，都能够以变量以及标准值的变化规律为参考依据。这种评价模式的主要参考依据是财务比率存在标准值，虽然评价之初有一定的主观性，但在后期反复累积的实践评价中，则可根据实际结果判别评价的准确度，从而不断接近真实、客观的数据评价。

（4）神经网络分析模型。

在 20 世纪 90 年代国外的部分企业内，神经网络分析模型已经得到了较为广泛的应用，这一分析模型主要包括一个输入层、若干中间层和一个输出层。其中，"网络模型"指的是这一模型的结构，它的基本特点是包含多隐层以及多层感知器。至于"神经网络"的定义和建构，则可以视为一个"点—线—面"的整体架构。"点"指的是神经网络里许多计算节点（在神经网络里，称为神经元 cell），"线"指的是将一些节点连成一层完整的处理层（这一层就可以理解为对数据的某个抽象表达），"面"指的是再次整合多个处理层，最终构建一个神经网络。各种各样的不同的表达模型主要是由不同的计算节点连接方式构成的，这些表达模型就是所谓的 CNN、RNN、DNN 等。和其他指标体系评价方法相比，神经网络分析模型的主要优势在于能够以动态的方式评价风险，而不必借助财务管理人员的主观性衡量来判断企业财务的风险情况，有较高的准确性、客观性。然而，作为一种新生的指标体系评价方法，神经网络分析模型对操作者的基本素质要求更高，要求的技术更复杂，因此，该模型在我国企业之间是否值得大范围推广，依然有待商榷。企业只有掌握高素质人才资源，才能较好地应用神经网络分析模型开展风险评估，收获理想的效果。

（二）现金流量下的高校财务风险评价体系构建

1. 现金流量模型的构建

（1）现金流量表的基础概念。

现金流量表主要包含企业经营在一段时间内生产经营、投资以及筹资活动中产生的现金流情况，它所反映的是资产负债表的重要变化数据。财务人员一般会用现金流量表来分析企业的利润水平和企业整体的健康运行情况。从数学角度分析，现金流量表比较接近多元一次函数组。现金流量表一般通过利润表与资产负债表等，分别或合并计算其中的多数项目。

现金流量表和杜邦分析法关系紧密。杜邦分析法也是一种全面分析和综合评价企业财务状况的方法，它可以在一段特定的时期之内，从不同角度描述财务运行各方面的情况（包括企业投资动向、经营活动以及筹资状况等），以及这些要素彼此之间的联系和作用。企业的资产周转率是会随企业的成长而变动的，而现金流量表质量控制的重要指标之一，正是杜邦分析的资产周转率。

另一重要质量控制指标是杜邦分析的财务杠杆。在对企业进行财务杠杆分析时，必须充分考虑到公司价值受到财务杠杆影响的程度和形式等。如果根据模型计算，未来财务杠杆明显超出了历史平均水平，就表示财务人员必须专门检验有关假设是否成立。

从目前我国高校的普遍情况来看，"现金"的涵盖范围并不大，内涵比较单纯，一般仅指库存现金和银行存款。所以，本书所编制的高校现金流量表所反映的也主要是高校总的现金流量构成，其编制大致建立在资产负债表的基础之上，涵盖了"投资活动产生的现金净流量""筹资活动产生的现金净流量""运营活动产生的现金净流量"和整体"现金净流量"，同时，还分别显示了以上数据的形成来源与拓展变化。以现金流量数据为基础，图表内容涉及日常经营、投资和筹资等现金流量情况。在表中，高校的基础办学活动（教学、科研与对外服务等）所耗费的现金流量等数据，就是"运营活动产生的现金流量"的主要参考标准；"筹资活动产生的现金流量"主要体现高校的额外"收支关系"，也就是新增的借款金额，以及借款带来的本年利息支出一类的现金流量数据；"投资活动中产生的现金流量"主要用来反映高校基础建设花费的日常营运资金、校园工作日程安排的现金流量、固定资产、无形资产，以及因对外投资活动而产生变动的现金流量。而加总以上 3 项现金流量净增加额，就能够得到总现金流量的净增加额。

另外，本图表还包括附表，其编制主要参考收入支出表统计的数据，按照运营活动性质的差异，进一步分解主表里描述的"本期运营收支结余"项目，从而显示日常运营活动更深方位的现金流量构成，包括资金基本运行状况以及专项经费的现金存储情况。附表主要分析高校自主统筹规划资金的可行性以及实施程度，并以"非限定性现金流量"和"限定性现金流量"两项数据，来分别反映基本运行和专项经费的现金余存情况。将分析的结果作为基础，进一步筹划高校的事业基金、专用基金等项目，最终计算出"本期运营收支结余"。

（2）现金流量表的构建框架。

从现金流量表的数据内容中，财务人员可以分析高校财务的风险类别，另外还能进一步推算出下面的勾稽关系（即账簿和会计报表中，有一定联系的数据之间能够据以相互考察、核对的规律）：现金和现金等价物净增加额＝运营活动产生的现金净流量＋投资活动产生的现金净流量＋筹资活动产生的现金净流量，运营产生的现金净流量 = 非限定性收支净额 + 限定性收支净额 + 调整项。基于这两项基本规律，可以为现金流量模型构建一个基本构架（图 5-2-1）。

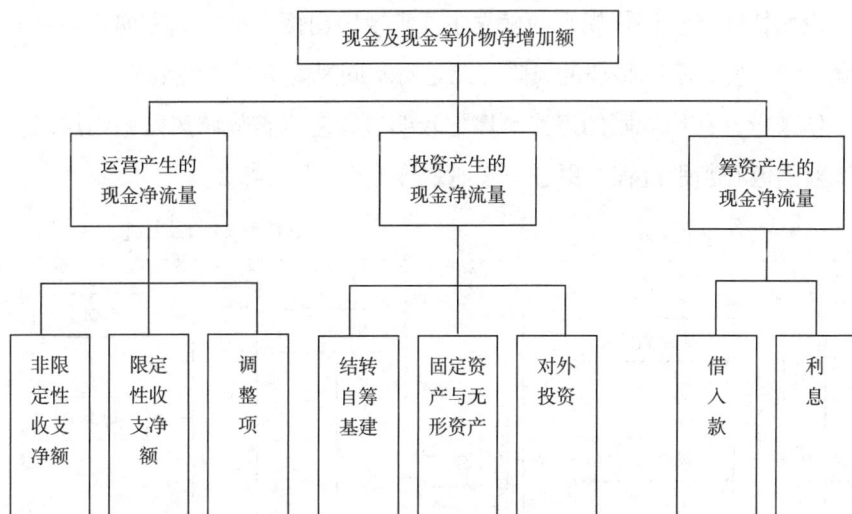

图 5-2-1　现金流量模型框架图

通常，模型的搭建顺序是这样的流程：收入预测—利润表预测—固定资产和无形资产预测—所有者权益预测—资产负债表预测—现金流量表预测—债务和还款进度预测。

在初学搭建模型的过程里也许会遇到一些小麻烦，比如做预测、假设不够清晰，这时就可以结合 BI 工具一起进行数据分析，从单个核心指标出发，然后进行指标拆解，再通过图表的形式将计算出的数据结果清晰、直观地表达出来，以便后续深层次数据分析。毕竟，数据的可视化对于任何模型的建构来说都非常重要，如今，很多财务人员都习惯用 BI 工具进行分析报告，各类指标、数据之间的趋势一目了然，方便快捷地解决搭建模型中预测迷茫的问题。

2. 高校财务风险评价规则构建

（1）构建原则。

高校财务风险评价规则建立的主要目的在于：在短时间内明确分析高校资金运动中已经出现或可能出现的风险，从而进一步调整和改进高校资金的管理。风险评价规则是一种分析风险形式、风险程度的工具，因此它倾向于防范风险，一般不能用来补救已经造成影响的风险，更加强调管理资金运转的过程。因此，尽管要揭露出由现金流中断而引起的财务风险，不过，本书构建的评估财务风险的体系旨在更好地预测、告知并管控风险，所以相对侧重研究风险累积过程中显现的各项表面特征。该评价规则的确立主要需要突出两个关键的方向：一是分别评价不同因素引发、不同特征的风险；二是对不同风险进行等级划分。

总体来看，评价规则的思路顺序比较明确，应当首先将风险归纳层级，之后按照风险阈值和判别过程，更进一步地划分等级（图 5-2-2）。

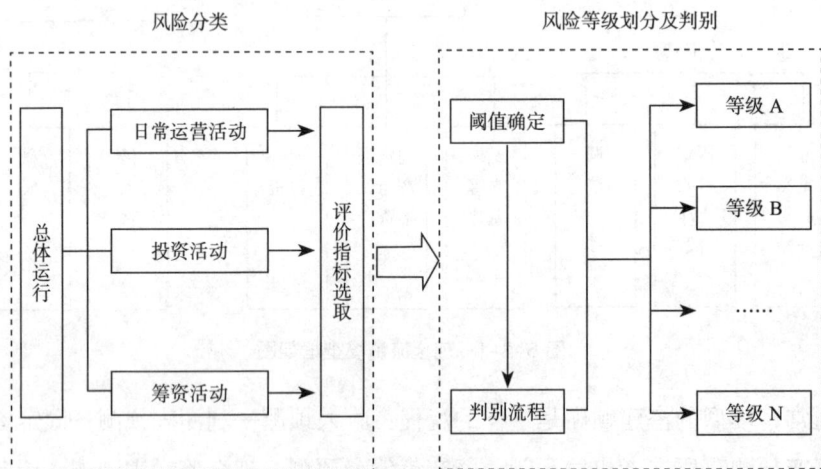

图 5-2-2　风险评价体系的规则构建思路

（2）分析并选用分类评价指标。

高校的资金活动主要分为运营活动、筹资活动和投资活动几种。相对应的，运营风险、筹资风险和投资风险是高校的财务运营所要面临的主要风险因素，除此之外，不合理的资金结构也是一种财务隐患。高校财务人员需关注资金的运行过程，掌握其间出现的现金流量风险，之后按照对应指标建立图表（表 5-2-1）。

表 5-2-1　分类评价指标

项目	资金分类	评价指标
基于现金流的高校财务风险评价	资金结构	货币资金支出比率＝货币资金 / 本期运营支出
		金融机构借款比率＝金融机构借款 / 负债总额
		应收及暂付款占流动资金比率
		其他应付款占流动负债比重

项目	资金分类	评价指标
基于现金流的高校财务风险评价	运营活动	非限定性收支净额
		非限定性收支净额占本期运营结余的比重
		现金流量比率＝本期运营结余／流动负债
	筹资活动	利息支出占本期运营支出比重
		贷款金额占货币资金比重
	投资活动	投资于长期资产占流动资金的比重

（3）划分风险等级。

按照风险程度的高低顺序，高校财务风险可以分为 4 个等级，每个等级对应资金活动的不同表征。本书分别用绿色、黄色、橙色和红色标注这 4 个等级，对应关系如下：

一是绿色等级。该等级下，高校面临的财务风险最低，资金安全性最高。绿色等级反映了高校的资金管理合理且平稳，财务人员在处理各方面资金调用和存转时比较谨慎，高校整体掌握着强有力的抗风险素质，运行稳健顺畅，现金周转情况没有异常。

二是黄色等级。此等级说明高校的财务风险有累积的现象，相关不良影响已经开始显现。这一阶段的高校财务记录出现了非限定性收支净额，而且必须额外调用限定性收支结余才能加以缓解；有赤字问题，不过尚不严重。高校还能够凭借自己的资金力量支付贷款利息、自筹基金等款额项目。但是，要想在其他管理活动中调动结余的资金，就比较困难，高校必须申请一些贷款，为管理活动的正常运行提供保障。不过，黄色风险等级下，如果高校付出努力，则整体依然能够坚持运行。

三是橙色等级。在此等级下，高校体现的财务风险表征已经十分明显。财务负担并非由于常规教研活动等支出消耗过高，而主要来自先前承担的大量贷款利息债务，而高校的自筹基础建设成本几乎完全依靠银行贷款来补充；与此同时，其他管理活动也需要调用专门的贷款资金。此外，虽然限定性收支净额依然有部分结余，但是，非限定性收支净额很难满足收大于支的要求。在这一阶段，高校要想保证教研活动、管理事项的正常运转，已经调用了相当一部分沉淀资金，另外还须专门申请银行贷款，用以填补资金缺口，不过，整体的运行依然还算稳健。

四是红色等级。可以想见，在这一风险等级内，高校的整体运营面临严重的困难，已经无法再维系收支平衡，高校资金无法顺利周转，财务风险达到最高。一般情况下，造成财务风险达到最高等级的原因主要有两个：一种是某项资金运动严重失衡，造成难以或不能补救的困境，具体来说，在投资项目管理中，自筹基础建设花费金额过大，甚至远远超过运营收支结余的总金额，为了满足建设需要，高校不得不申请并调用总额庞大的银行贷款；在日常管理经营活动中，限定性收支净额屡屡面临赤字问题，非限定性收支净额的亏空情况非常严重；在筹资活动中，高校运行的资金数额不足，必须通过贷款来满足筹资项目，因此平时长期借债还债，利息支出占据了日常营运的主要开支金额。另一种则是基于橙色风险等级的情况，财务状况呈现并进一步恶化。

（4）明确划分等级阈值和分析程序。

在确定并划分不同的风险等级时，财务人员应该首先找到一个合理的评价指标阈值，并明确阈值选取的总个数，以及划分等级数目之间的关系。

从其本质来看，划分等级的过程，就等同于遵循从整体到局部的顺序，依次分析高校财务风险。在此实践中，需要明确的一点是：如果高校资金的总体运行有比较明显的风险表征，则其管理资金的活动必然面临相当严重的问题；但是，即使资金整体运行尚未出现风险，也不代表作为局部资金项目的贷款、投资和运营等毫无问题，也就是说，局部风险的管控依然是一个需要特别分析的方向。

（5）风险评估和因素诊断。

风险划定最终等级的确立有多方面的意义。首先，它能十分直观地显示每个风险等级里高校的分布状况，以揭示目前高校财务风险的总体危害度，可以很好地预警高校风险；其次，不同的风险等级还能用来反映高校在特定时期内的详细财务状况。高校财务风险等级评价描述的风险是多方面的，包括综合评定的整体风险和不同项目的分类风险状况。因此，财务人员在分析造成高校风险的核心原因时，一般会从日常运营风险、投资风险、筹资风险中选择单项或多项因素，作为分析和参考的依据，在此基础上分析高校面对的风险种类和程度情况，综合分析造成高校现有各种风险的根本原因、影响因素，评价引起目前高校总体风险情况的因素，从而为接下来的资金管理事宜提供合理的判断，为未来需要着重管理的资金活动提供参考。

二、高校财务风险预警系统构建

（一）建立预警系统的目的

高校财务风险预警是指高校的相应职能管理部门以学校的信息化平台和手段为基础，以高校的财务报表、预算指标、财务资料以及收集到的其他相关资料为依据，依靠学校的组织体系，通过采用各种方法和工具，分析学校的理财环境，以及财务的运转情况，预测并监控学校营运中可能存在的财务风险。如果财务部门意识到财务处理事项出现了早期的风险征兆，就应该向上级部门发出告知，确保学校及时合理地实施对应的纠正措施，化解风险或将风险损失控制在最小的范围内，减免学校承担的经济损失。

（二）建立预警系统的作用

风险不可能也不应当回避。高校财务管理面临的挑战是在承担合理、适度风险的同时，尽量减少或消除财务失败造成的风险，使高校不至于承担财务风险对正常运营造成的威胁。在为避免财务风险而进行的管理经营实践中，随时掌握并把控学校的财务状况是一个非常关键的任务，为了满足这一要求，高校需要通过借鉴金融、会计、统计学和管理学等许可理论，根据本校的财务报表、资金统计以及其他形式的相关财务资料，利用数学模型、比例分析之类的方式，构建专门的财务风险预警系统，在高校日常活动的全过程中，发现并预测高校财务管理中存在的风险，向管理人员发出通知。

在高校财务工作中，财务风险预警系统主要能发挥以下几种功能：

1. 风险识别功能

高校财务风险控制目标是可以确定的，高校财务风险出现的概率和频次都是有一定规律可循的。通过观察分析高校的财务活动和日常管理行为，财务人员可以推测、总结这种规律。而借助财务风险预警系统就能有效地识别各种相对应的财务风险。

2. 风险评估功能

借助高校财务风险预警系统统计的高校财务信息（包括自身的运营状况分析

和各类财务项目），依据收集和高校发展存在关联的政府政策和市场风向、行业竞争信息，通过财务风险预警模型的计算，分析比较不同的财务风险因素，将高校运营的实际情况同预定的目标、计划、标准进行对比，提出评估意见和风险等级的判别。

3. 风险预警功能

在风险评估的基础上，一旦高校的财务管理活动出现了失误或重大波动，而且有波及并损害高校财务状况的可能性，财务风险预警系统就需要及时察觉，并预先分析和告知可能产生的风险与问题，警示管理层人员做好防范准备、采取相应的风险管控对策，发挥"未雨绸缪"的作用，使得潜在的风险不至于最终造成实际损失，减少乃至避免不必要的经济损失。

4. 风险报告功能

如果高校财务已经出现了困境，则财务人员可以通过借助风险预警系统进行分析，及时寻找造成财务状况恶化情况的源头因素。在此前提下，高校还应该拥有良好的信息反馈机制，将财务分析结果在得出后的第一时间上交给高校的管理者，这样，负责人员能够很快掌握财务问题的症结所在，精准地采取针对性强的科学措施，避免潜在的风险演变成现实的损失，或阻止财务状况的进一步恶化，避免财务危机的发生。

5. 风险控制功能

财务风险预警系统通过目标控制和程序控制，清晰地告知管理者应朝哪一个方向努力以有效地解决问题，运用功效系数法等手段，让控制对象与控制目标大致保持一致，二者的偏差要始终固定在可接受的程度之内，并且发挥谨慎严格的管控的作用，避免控制过分主观随意，让控制执行过程中不至于出现不应有的疏漏，为财务风险控制的效率提供保障。

6. 风险免疫功能

财务风险预警系统的关键作用是监测、控制和处理集体可能面对的财务危机。一般来说，系统的数据库中储存有和财务危机相关的数据，如诱发风险的原因、解决风险的思路、处理风险的过程和风险处置后的最终结果等。财务人员可以从中找寻依据，甚至将这些数据作为未来应对类似风险的预案模板，为当前的反馈处理或改进策略提供参考。当再次发生类似财务风险的征兆时，管理者可以利用财务预警系统历史数据做出相应的反应，避免发生类似的财务风险。

需要特别指出，首先，建立在定量分析基础上的财务风险预警系统只是提供高校财务危机发生可能性的线索，但并不能够确切地告知是否一定会发生财务危机。分析人员应结合一些相关的非定量因素（特征事件）进行综合分析和评价，最后由学校高层管理者综合定量和定性分析的信息做出最终的风险管理决策。其次，还应该认识到高校财务风险预警系统的建立并非一劳永逸，而是需要高校自身从学校的实际出发，根据内外环境的变化，及时对财务风险预警系统的相关控制标准和预警指标进行修正和完善，确保高校财务危机预警系统的合理性和有效性。只有这样，才能真正发挥财务风险预警系统的作用，为高校的长远健康发展保驾护航。

此外，模型构建的意义还在于：防范高校发生财务危机给社会经济造成负面影响；为高校举办者观察高校运转提供数据库和资信；为建立高校的投入产出效率模型数据库提供相对可靠数据基础，财务风险预警系统中的财务数据构成了投入产出效率模型中投入信息最重要的部分，由于这些数据和信息来源于财务实时处理的第一线，比较难以人为地操纵和修改，具有相对可靠的真实性；为改进和提高高校财务管理水平、强化风险管理提供分析的线索和思路，以及决策的数据信息基础和理论依据。

（三）建立预警系统的基本原则

构建高校财务风险预警系统时应遵循以下原则：

1. 科学性

财务风险预警的方法和指标设计必须科学。财务预警指标应能准确把握高校整体财务运行规律，掌握各组相关财务数据的内在联系，有效揭示高校各项运营活动的潜在风险。

2. 系统性

财务危机预警系统将高校作为一个整体来考虑。首先，财务风险预警的指标必须符合先进性的原则；其次，风险评估的主体和客体都应该是一个相对完整的系统。这主要是出于危机应对的全面性的考虑，确保财务管理人员能够充分考虑并分析产生各类风险的不同潜在因素，通过指标体系全面、真实地描绘危机因素的整体面貌，并尽量避免项目遗漏或重复指标。

3. 预测性

系统对风险的监测要有分析营运趋势和预测未来的作用。财务风险预警系统侧重点在于借鉴高校在以往各类运营活动中的积累数据资料，从中总结本校财务运作的规律，以此作为依据，基于高校财务运营的现状，在制订下一步的资金运作计划之前，事先判断未来可能收获的效果或可能产生的情况。这样，财务风险预警就脱离了传统的考核评价模式——单纯地分析高校受托管理责任的履行情况，或者以往的运营绩效统计。因此，在确定财务风险预警指标的同时时，高校财务人员一定要特别区分财务风险预警系统和财务评价系统，掌握二者之间的异同，在此之后才能有效监管本校财务运行的潜在风险，协助其他管理部门，采用合理的手段予以防范。

4. 灵敏性

预警系统所选择的指标要能够灵敏地反映高校财务风险状况的主要方面，风险因素一旦萌生，相关指标值就能够迅速反映出来。这是高校财务风险预警的根本目的，财务风险预警的基本功能就是要敏感地反映高校财务运行状况的波动和异常情况。

5. 动态性

高校在陷入财务危机之初，其财务状况往往还有相对正常的特征，经过一定时间的发展，最终出现财务危机。也就是说，这并非瞬间或短时间内的意外情况，而是长期风险逐步积累的结果。因此，对高校财务风险的预警必须将高校的营运活动视为一个动态的过程，在分析高校过去运营状况的基础上，预判未来的发展趋势。从预警时间跨度上看，预警的时间越长，管理者应对的余地和选择就越充分。动态性原则还要求财务风险预警系统应根据社会、市场、高校等实际情况的变化和发展而不断修正、补充预警的内容，确保预警系统的先进性。

6. 直观实用

预警必须满足先见性要求，才算符合基本标准。高校财务预警系统（以及相关的财务运营人员）应当在危机真正出现之前，或营运情况及财务状况出现恶化之前就给出警示。这一过程要求预警的形式和内容直观易懂、一目了然，减少不必要的解读和分析时间。所以，高校财务风险预警系统应选择合理的呈现方式，向管理人员十分直接且简洁地描述高校当下各类运营活动可能隐含的潜在风险，这样一来，财务风险预警系统的每一个使用者与管理者都能方便地理解分析结果、把握财务状况，从而提升风险预警和财务管控的效率。

7.定性和定量相结合

高校财务风险预警系统不能只注重定量分析，还应结合必要的定性分析才能提高预警系统的实效性。定量分析建立在统计规律的基础上，对于特定方法都有统一的模式和统一的指标阈值，难以照顾到高校的个别情况。定性分析需要凭借分析者的经验对财务风险的趋势进行定性分析和判断，有时会比定量分析更加可靠和有效，例如，依据高校出现拖延和管制正常的报销支付、向银行贷款遭到拒绝等财务风险特征事件的出现，我们就可以比较容易地判断学校财务风险已经累积到相当的程度。定量与定性方法相互结合，取长补短，往往在管理实践中能够得到更为有效的结果。

（四）风险预警系统的整体架构

1.高校财务风险预警系统的基本内容

目前，无论是参考国内高校财务预警的情况，还是借鉴国外相关的研究成果与实践经验，我们都能得出这样一个大致的结论：要想构建合理且有实用性、普适性的财务风险预警模型，应以现金流、财务指标和特征事件为考量基础，为高校的风险管理进行服务，由此为管理者提供启示和引导，在决策实践中，自然而然地引导其详细考虑各种因素，通过定量和定性并重的分析方法，深入全面地分析这些因素可能对决策形成的影响，从而建立科学的决策模型，用以辅助决策。因此，以现金流量模型为核心的高校财务风险预警系统包括三个判别基础，分别为现金流量模型、财务风险指标体系以及财务风险特征事件。

现金流量模型，其优点一是输入数据的可靠性相对比较强，二是可以动态反映和观察风险，三是更加贴近现实和人们的理解；不足之处是根据目前我国高校财务管理的现实基础，要发挥该模型定量分析预测的功能尚需做出较大努力。

财务风险指标体系，优点是理论分析比较充分，可以多视角考察财务风险，实践中使用的也比较多；不足之处一是输入数据可操纵性较大，可靠性相对比较弱，且时点数据的局限性也比较大，二是各指标对总体风险影响的权重较难确定。

财务风险特征事件，优点是有时会比定量分析更加可靠和有效；其不足一是有赖于评估者个人的经验和判断力，二是有效的特征事件一旦出现，风险一般都累积到相当程度，预警的功能显得欠缺。

因此，三者结合共同判断风险，可以取长补短，增强风险的识别功能和识别的可靠性。基于上述三个系统输入的各自特点，我们所设计的高校财务风险预警系统在具体应用时，其主要思路是以现金流量模型为核心评判模型，从现金流量维度定量描述高校的财务状况，从而可以分析和揭示高校财务风险的状况和趋势；财务风险特征事件则为辅助评判模型，对高校财务风险进行定性补充的判定；财务指标体系是验证模型，其主要作用是对高校风险状况提供数据验证，帮助高校及时、多维度地分析了解自身的财务状况。

2. 以现金流量模型作核心评判模型的特点

现金流量模型在前文中已经有一定介绍，这里结合其两种判断风险的方法具体阐述。

当前，大部分企业无论是从管理理论还是管理实践的角度，都会借助定量方法来预测和推算现金流量。最常见、特征最明显的定量方法是：在资产负债表和利润表的数据基础上，参考企业以往的财务资料，制定现金流量表，用来预测现金未来的运行情况。此外还有一种方法，就是借助相对常规的预测思路（如指数平滑法、线性回归法、移动平均法等），同样是参考过往财务数据，直接推算现金流量。但是，目前几乎没有高校对现金流量进行预测。

作为非营利的事业单位，高等学校财务风险不同于企业。高校财务风险归根到底是由高校运行中现金流入与流出状况所制约，流入大于流出，并且高于非付现成本，表明高校的财务状况较好，财务风险就较小；反之，高校面临财务风险就较大。因此，高校财务风险预警系统应该主要从现金流量的角度来识别和研判相应的风险。

现金流量是按收付实现原则来计量的，它与实际资金运动相一致。目前我国高校会计核算主要采用收付实现制原则，因此有一种模糊的认识以为可以简单地用收入和支出的实现来替代现金流入和流出的核算。应该看到，高校采用收付实现制的核算基础也不可避免地需要引入权责发生制的原理。如应收款项的确立，就是应收未收的收入，或者说应流入而未流入的现金流；又如对外投资和收回投资、借入款项和归还借款，发生的现金流入和流出在收入支出表中均没有反映；再如教育事业支出可能消耗的是库存材料，虽然发生了支出，但现金并未发生流出，等等。因而如同企业一样，高校收入支出与现金流入流出不相一致的客观性，决定了采用现金流量信息来反映高校的实际支付能力、偿债能力、资金周转情况、财务状况和风险状况，对于高校财务风险管理更具实际意义。

相比于以往各种类型的高校财务风险预警系统，基于现金流量的高校财务风险的预警系统的特点如下：

（1）预警高校财务风险更具可靠性。

高校货币资金的流入和流出是严格按照收付实现制计算的，而且银行存款等货币资金的收入和支出信息需要与开户银行的对账单等资料核对吻合，现金流量的信息降低了人为操纵的可能性，相对而言比较真实、可靠。因此，以现金流量模型为核心评判模型的高校财务风险预警系统更具可靠性。

（2）预警高校财务风险更具综合性。

研判财务状况是研判财务风险的切入点和基础，而现金流量又是研判财务状况最核心的指针。现金流量综合反映了高校收支的配比、债权债务的平衡、资产结构的合理性、财务管理的能力、保障运行的支付能力等。我们还可以通过现金流量表去追溯和发现高校财务状况恶化和风险累积的具体原因。因此，以现金流量模型为核心评判模型的高校财务风险预警系统更具综合性。

（3）预警高校财务风险更具有效性。

高校财务最核心的任务就是通过开源节流、加强预算管理等手段和措施，保障学校事业发展的资金需求，最直接和现实的体现就是确保现实的支付能力。这些年高校财务风险最直接、最突出的表现就是高校现实的支付能力发生困难乃至危机。以研判高校现金流量的进出、结构和趋势就能未雨绸缪，采取有针对性的措施，防患于未然，确保高校的现实支付能力顺畅。因此，以现金流量模型为核心评判模型的高校财务风险预警系统更具有效性。

3. 以财务风险特征事件作辅助评判模型的特点

财务风险特征事件是指在高校实际运行中对财务风险有明确表征意义的具体事件。由于财务风险特征事件的表征意义明确、具体，因此对于高校财务风险预警具有十分重大的意义。财务风险特征事件分析属于定性分析范畴，是对现金流量分析和财务指标分析的一种补充，是结合非量化因素，依靠分析人员以及有关风险专家的经验做出的判断。财务风险特征事件是在定量分析的基础上考虑是否提高财务风险预警等级的重要因素，这些因素大多不能量化，即使能够量化，其在财务风险预警系统定量分析中的作用也不敏感，需要借助分析人员和有关风险专家的经验去识别、分析和应用。

（1）财务风险特征事件分析的主要优点。

相对于基于现金流量和财务指标对财务风险进行的定量分析，财务风险特征事件分析往往对财务风险具有更强的判别力。

①克服定量和指标分析所固有的某些不足和缺陷。

由于组织和个人的行为比较复杂，不能简单地将高校的各类运行活动数字化。即使实证分析考虑的因素比较全面、有效，但仍然不能穷尽客观世界中一些具有重大影响的偶发因素，不同的高校有其自身的特殊性，相对比较统一的指标体系和预测模型不能有效地适应所有不同高校财务风险预测的需要。

财务指标是由各种数字表达的，这些数字往往只是反映了高校有关项目的表面现象，对于数字背后的真实情况很难全部予以表达和揭示。如暂付款项目，在分析报表中告诉我们的只是一个总数，到底有多少是刚刚发生的，有多少已经存续了很长时间了，有多少可能就是实际支出了，外人是无从知道的，而这些对于分析高校的真实支付能力具有重要的影响。

还有一些财务指标的假设前提存在先天缺陷，如反映偿债能力的主要指标，流动比率、速动比率和资产负债率，是以破产清算为前提的，主要着眼于资产的账面价值而忽视了融资能力以及运行中不断变化的偿债能力，或者说这些指标都是以一种静态的眼光来衡量偿债能力的。

财务指标还容易被内部人控制，内部人可以利用会计制度的灵活性虚构某些事项或者采用挂账等手段，达到内部人希望达到的财务数据，操纵财务指标的现象便出现了。

②与定量和指标分析相结合会使财务风险的预测更加有效和直观。

作为经验分析方法的风险特征事件分析，与基于现金流量和财务指标的定量分析相互结合，相互补充，才会使财务风险的预测更加有效和直观。

实际工作中可能某种财务风险特征事件已经发生了，但依据现金流量和财务指标分析时，实际测到的定量值尚未达到设定的标准阈值水平，因而未达到设定的财务风险等级，甚至只能预测该财务风险特征事件将要发生。在这种情景下，这应该依据财务风险特征事件的经验分析方法来确定财务风险的等级。

由于财务风险特征事件分析的开放性，也使不同的高校可以根据自身运行的特殊性和实践经验做出判断，对财务指标和现金流量分析的结果进行分析判断，及时充实和完善特征事件库，并从实际出发来调整财务风险预警等级。

（2）财务风险特征事件分析的主要缺点。

财务风险预警中，没有绝对适用的方法和模型，任何方法和模型均有缺陷，财务风险特征事件分析也不例外。

①财务风险特征事件分析的最大困难就是事件的选择。与财务指标相比，事件的选择带有较大的任意性，需要根据经验判断和风险意识来确定。同时必须注意到，大多数在历史上有效的财务风险特征事件，并不能确保现在及未来的有效性。

②财务风险特征事件分析受到分析人员和有关专家的专业水平、历史经验、风险意识和对预警模型信赖程度等因素的很大影响。对于相同的事件，不同的分析人员和专家往往会做出不同的判断，这样就会影响到财务风险预警的最终结果。

③财务风险预警信息传递的主要是高校运行不佳的信号，分析人员往往会有"厌恶风险"的偏好，采取消极的态度来"规避风险"，而不愿意谨慎看待已经发生的财务风险特征事件，这样财务风险特征事件分析在整个财务风险预警模型中的作用会大大降低。

第六章　高校财务管理中的校园一卡通应用

　　因经济的发展与社会文化的进步，我国高校的用地规模、招生规模等均普遍持续扩大，这一现象对高校财务的管理水提出了更高的要求，校园一卡通系统也由此而生。这一系统可以视作一个小规模的资金结算中心，在校园内协助师生完成身份识别、资金调配、资金结算等常用职能，是现代高校财务管理中最常用也是最重要的电子平台之一。而其规划和管理也对运营人员提出了更为精细、严谨的要求。本章针对高校校园一卡通的应用，分别介绍了高校校园一卡通的相关情况，并对高校校园一卡通的财务管理建设进行阐述。

第一节　高校校园一卡通概述

一、校园一卡通的相关概念

（一）一卡通系统

　　所谓的"一卡通系统"，简单来说，就是用户在处理（同一单位中的）不同事务时，使用同一张非接触感应卡（也可能是手机中的特制 SIM 卡）。显然，一卡通系统的主要优势在于统一管理、减少手续，客户通过一张卡片就能完成多种终端设备上的不同管理功能，不必为了应对各类需要而携带多张卡片。所以，自面世应用以来，一卡通系统获得了许多用户的认可和依赖，在当下的市场内拥有广阔的开发前景。

　　一卡通系统所涵盖的管理功能是极其多样的，包括考勤、门禁、消费、出入、签到、交通使用等。这些功能可以使用来自不同厂家的设备，只要不同部门之间达成约定，使用同一种格式的卡片，则这类卡片就能在不同厂家的软件中完成登记，从而发挥多种功能。

这种模式的优点是：用户选择的空间比较大，在后期的应用中也能享受方便。用户可以分别考虑自己需要的各种功能，选择充分满足自身要求、专业化程度高的卡片，只要选定了同一种类型的卡片，就可享受多种一卡通的性能，不必为兼容性问题所困扰。此外，一卡通系统的"容错率"很高，用户即使在一个系统的选购上考虑不周，也能够花费最小的成本更换；即使某一系统出现了故障，其他系统的功能和正常运转也不会受到影响。事实上，一卡通系统的本质并非"一卡通用"，而在于是否存在一个统一的管理平台（后端授权、消权这些功能虽然能够实现多台网络安装，但也仅能作为一种界面操作，而并非多套系统）和数据库管理，即"一网、一卡、一库"。

不过，这一系统也有缺点：管理者要想在各个终端使用自己的卡片，必须事先分别在不同的软件上登记注册。但是，不同功能的管理人员通常也是不一样的，可能给注册者带来麻烦。

（二）校园一卡通

校园一卡通是一种为方便校园管理而建立的应用解决方案，涵盖了统一身份认证、人事、学工等 MIS 应用系统，该系统内置统一的身份认证机制，能够实现集成与共享数据管理的目的（当然，它也只能在指定的校园环境内使用）。校园一卡通系统的技术基础，主要是一种基于计算机网络和智能卡物联网技术的数字化理念。这一长期的有机结合，可以避免重复投入，加快建设进度，为系统间的资源共享打下基础。基于这一技术，校园一卡通系统不断演变发展、革新完善，为现代教育事业的信息化建设做出了不可忽视的贡献。

最初，校园一卡通系统的建设目的主要是围绕经济活动确立的：师生在校内会有各种各样的消费需求，校方一方面为了给师生提供方便，一方面也希望从中找到校园建设和发展的新契机，开始尝试使用一种新的电子消费系统：每一个在校师生和工作人员都在同一个系统内注册，被赋予一张"校园卡"，用此卡就能在校内的各个终端上消费。后来，校园一卡通系统逐步升级，应用范围也不断延伸，融合了包括校园内人员身份识别、场所出入、图书借阅、医疗开支、活动经费等在内的多个应用，甚至可以和若干高校部门达成联通。而如今，信息技术的高速发展以及智能手机的普及，更为各大高校的"智慧校园建设"带来了不可估量的便利，虚拟校园一卡通系统也由此诞生了。

二、校园一卡通的发展历程

校园一卡通因其具有电子支付与身份识别的功能，在高校具有独特的地位。历经20多年的发展，校园一卡通在介质上从最初的多张实体卡片发展为移动终端的虚拟卡；应用程序上由碎片化应用管理模式发展为集成模块化的数据共享与分析模式，成为高校智慧校园建设的重要组成部分。它的发展主要分为以下三个阶段。

第一阶段的校园一卡通系统来源于高校早期的收费管理系统[①]，即"以卡代币"的校园一卡通时代。此时的校园一卡通以 ID 卡为载体作为联机支付模式，主要适用于后勤的生活缴费。因每一张卡拥有唯一特定的支付功能，所以产生相互独立的操作系统和一人多卡并存的现象。此阶段学生支付电费必须使用"电卡"在"电费系统"中进行操作、支付水费必须使用"水卡"在"水费系统"中进行操作等，由此产生学生携带的卡片多样、使用复杂和不便于持卡人保管、携带等问题。在系统应用上高校管理人员需要分别登录各个收费系统进行相关操作，而且各独立的系统数据不相关联，在消费统计上不利于学校的管理。

第二阶段的校园一卡通系统是将第一阶段各个独立的收费系统进行整合，校园一卡通以 IC 为载体，卡片以扇区为单位将多张卡的各个功能并存在一张卡上，并加以实名制的认证。此阶段的校园一卡通由"以卡代币"拓展到"以卡代证"的功能，一卡通在校内交易可实现联机和短时间脱机使用。学生只需携带一张实体卡即可在校园内完成消费支付、图书借阅、水电充值、身份识别和门禁等功能，做到"一卡在手走遍校园"的效果。此阶段校园一卡通由支付作用拓展到教学教辅的作用上，主要功能集中于校园消费和身份识别的功能。

第三阶段即智慧校园一卡通阶段。校园一卡通系统实现聚合支付、物联网层面对接、大数据分析应用、自助智能与人脸识别相结合的"线上线下服务"信息数据应用阶段。在载体上使用安全系数更高以及功能更强大的 CPU 卡，用户使用上实现二维码、生物特征、NFC 等非介质技术应用，将校园一卡通由校园管理功能向智慧服务功能转型。此阶段的校园一卡通注重方向为去卡化以及数据分析与利用，将校园一卡通功能拓展到高校信息化建设的教育事业发展上。

---

① 付涵. 校园一卡通进化史 [J]. 中国教育网络，2019（7）：33-34.

三、校园一卡通的功能

（一）校园一卡通的身份识别功能

在数字化校园整体规划之前，一般都会统一设计和规划校园一卡通的身份识别功能。为了方便广大师生使用和识别，校园一卡通的表面都会标注基本的个人信息，如照片、学号工号、姓名、院系名称、所属单位，这样既方便识别，同时如果遗失也便于归还，避免经济损失。

在系统的设计上，校园一卡通的芯片和数据库系统中存有的个人身份信息一一对应，从而实现师生在校园内的电子身份识别，而且这种识别是统一同步的唯一认证识别。个人信息通过统一身份认证系统与数字化校园平台的对接和扩展，从而确保信息数据的一致性。

（二）校园一卡通的管理功能

数字化校园的建设实际上就是为了有序地集成校内各个部门的不同应用，同时更高层次地完成师生的个性化需求。可以说，校园一卡通是实现这些目的的载体和途径。校园一卡通的芯片可以集成很多的信息，包括学习、科研、工作、生活、消费、借阅、出入门禁记录等的个人信息。校园一卡通对这些信息的集成不但提高了师生对应用服务的方便程度，同时给校内管理带来极大的便利，促进了高校管理的数字化水平。同时，也为学校高层收集校内信息提供了有利的工具，提高了决策的正确性。

（三）校园一卡通的信息检索功能

校园一卡通的信息检索功能与数字化校园平台的前期规划和设置有着紧密的联系。一般在校园一卡通系统里，师生可以在相应的应用系统查询到所需的公共信息资源，获取个性化数据。相对，学院和各个部门也可以通过校园一卡通系统检索到师生信息，获得直接和真实的数据资料。换句话说，数字化校园平台为校园一卡通用户提供了应用服务的入口，校园一卡通的用户通过对一卡通的使用也为学校了解和掌握个人信息提供了数据资源，从而为个性化服务的推送及管理部门领导的决策提供了参考依据。

（四）校园一卡通提高支付透明度

校园一卡通通常具有货币支付功能，用户可以通过网络或者终端机将银行卡里的钱转入校园一卡通中，这样很简单方便地就可以在校内进行消费和结算，有效地代替了现金收费，给用户日常生活带来了方便。

从管理的角度讲，校园一卡通的支付功能使得校园内的各项服务收费更加透明公开，有利于学校对收费资金的管理和监督。校园一卡通的支付功能不但减少了对现金流管理的麻烦，同时还避免了乱收费现象，避免了资金分散管理，杜绝了"小金库"现象，可以提高资金的运转能力，提高资金的使用效率。

四、校园一卡通的定位和发展趋势

（一）校园一卡通的定位

1. 校园信息化的应用基础

校园一卡通系统对于高校信息化建设来说，是一则重要的应用基础。校园一卡通不仅能用作校园内不同形式的金融消费，还能随时识别持有人员的身份、活动记录等，所以，无论是在校务管理、教学科研等工作上，还是在师生员工的日常生活中，该系统都能发挥着非常重要的基础性作用。也正因为校园一卡通的身份识别功能集精准、快捷、安全等优势于一身，而且可全面大量地收集出入、消费等行为数据（并且还能将这些数据即时传输到专门的网络系统内），所以，借助集中化决算管理之类的手段，高校一卡通系统能够为校园内部的信息安全、经济安全等提供强有力的保障，从而有效促进学校内部数据资源的沟通、互动和共享，帮助高校构建协调统一、高效、保密的基础信息平台。

2. 智慧校园建设的重要载体

因其便捷性和适用性特征，校园一卡通广泛应用于校园各个场景中，同时也在收集师生在这些场合的行动轨迹和消费金额。通过一卡通系统，校方可以随时掌握全体校内人员的行为数据，包括日常消费、图书借阅、医疗开支等。随着现代常规信息技术的持续发展，校园一卡通的功能和意义不断延伸，校园虚拟卡实现了同实体卡的智能融合，逐渐承担起了智慧校园建设技术载体的作用，在各类多功能服务终端的合作下，最终构成了物联网应用的拓展体系。

（二）校园一卡通的发展趋势

1.支付方式便捷化，充值形式多样化

目前，各大高校都在积极参与新一轮校园一卡通体系建设，将现有的校园系统与在线支付、无卡支付等模式相融合，努力突破传统人工现金充值和圈存机充值方式的弊端，并且借助一些现代化充值服务（如支付宝、微信等）为师生提供更多方便。这一校园卡充值模式的限制很少，便于随时操作，能大大减轻校园卡务部门的工作压力，并进一步促进学校信息化建设的开展，提升现有信息服务水平。

2.校园卡与 NFC 手机融合，提供多种支付手段

NFC（Near Field Communication，近场通信）是一种新兴无线通信技术，主要特征是"近距离"。简单来说，两台设备（例如移动电话）在使用 NFC 技术的前提下，只要彼此足够靠近，就能实施数据交换。不难看出，这种技术的一大优势在于极高的安全保障，所以在手机支付等项目上体现出乐观的应用前景。当下高校校园一卡通建设的一大趋势是，将师生日常生活中几乎不离身的手机卡和校园一卡通进行融合，而加载有校园卡的 NFC 手机，能够实现许多消费和充值功能，还能完成一系类综合信息服务，达到校园一卡通移动化办理的目的。

第二节　高校校园一卡通的财务管理建设

一、校园一卡通的财务管理功能

（一）具有直接影响的财务管理功能

1.收支管理功能

高校除财政拨款外的其他收入都须遵守国家法律规范，收费详情条款要经过相关政府部门的批准。因此，高校的收费和财务秩序规范是其财务管理的重点。使用校园一卡通就能大量取代校园内的现金活动，减少中间环节，并借助信息化系统监控消费的全程，降低出错率与徇私舞弊的可能，确保收费效率与公开度，为资金安全提供保障。

2.资金管控功能

校园一卡通连接了高校内部的各个创收部门，协助校园财务部门大量集中创收资金，充分掌握各部门的创收情况，分析其合理性与相关性，为未来的预算划分与资源分配提供依据。此外，借助一卡通系统，财务部门还能随时监管资金的流动，从而有效减少乃至消除各部门违法调动资金的情况。

（二）具有间接影响的财务管理功能

1.信息共享功能

在校园一卡通系统内，一些诸如学生处、教务处等部门的分散信息能够得到整合，再按一定的标注划分，便于管理部门察看和借鉴（当然要经过一定的授权环节），这无疑能够有效提升高校的管理和办事效率，并帮助高校管理层宏观把控整体发展，在资金的管理和使用上作出更为科学的决策。

2.数据分析功能

因为校园一卡通系统能够存储和传递历史数据，所以自然也拥有数据分析能力，由此分析当前资金管理的不合理之处，确定高校今后的投资、建设方向，或是增加和减少资金投入的节点，为财务管理的决策提供依据。

二、校园一卡通的财务管理模式

（一）银行统一管理模式

即银行负责出资建设校园一卡通系统。该项资产在约定期间的实际所有权在银行手里，期前高校仅负责开展信息业务、维护系统等，由银行实际掌控校园一卡通业务和结算业务，到期后再由学校掌握。该模式的优点是简洁易操作，同时还能节省大量管理成本；当然，这种做法会使校方（以及师生）失去一定的主动权。

（二）财务处项目代管理模式

即将校园一卡通系统的主体业务作为一个项目。其中，学校财务处处理与校园卡有关的业务（如资金结算、账务查看、资金管理等）；校园卡的制作、下发、充值、挂失、补办业务均由一卡通卡务中心处理，信息处理、系统维护等也由该部分负责；两者共同管理财务记账和审核等工作。该模式可节省许多投入资源较少，并发挥高校部门自身的优势，沉淀的资金也能给学校带来收益，同时便于随时监督管理一卡通系统。

（三）校财务处授权独立核算模式

即将整个校园一卡通系统作为独立的会计核算主体，由财务处授权，专门成立校园卡结算中心，负责管理充值圈存、资金转账、收入结算等工作。因为该模式能够统一管理校园卡系统内所有类型的资金运行，在同一个部门之下整合系统工作和财务工作，减少各部门推卸责任的问题，所以能协助高校便捷、有效地开展校内的资金管理工作，极大地提升工作效率。而且，财务管理和系统管理能够实现互不干扰，彼此在工作中不完全依赖，即使某一方面出现了失误，也可以借助系统或核算手段加以弥补，降低风险。另外，随着现代高校业务能力的不断提升和业务范围的延伸，结算中心也可借助更多手段跟进工作，所以，校财务处授权独立核算模式的成长性相当强劲，潜力可观。

三、校园一卡通的财务管理体系框架创新构建

（一）构建原则

1.功能匹配原则

校园卡财务管理体系的所有职能都需要围绕一卡通财务管理功能开展，结合业务流程确定、分配不同的职能，否则会出现模块划分缺乏可行性、职能划分没有依据，框架紊乱等问题。

2.职能完整原则

高校卡务单位在构建体系框架时，应确保每一个职能模块保持完整，否则会无法及时发现、分析并解决问题，不利于系统整体效率的提升。

3.部门适应原则

职能模块应同各部门的工作性质相匹配，部门人员自身也应当理解职能承载的内涵，结合实际情况分配职能，从而使一卡通财务管理的功能得到理想的发挥，提升工作效率。

4.部门联动原则

各部门应在满足职能完整、各司其职的前提下，进行有效的沟通合作，从而及时发现问题、解决工作困境。

（二）构建方案

如图6-2-1所示，一卡通系统的财务管理功能系统往往能够分成若干个职能模块，各个职能可能基于高校固有的财务管理模式以及实际情况，由不同的部门来承担。但通常情况下都要包含以下6个模块，不可遗漏。

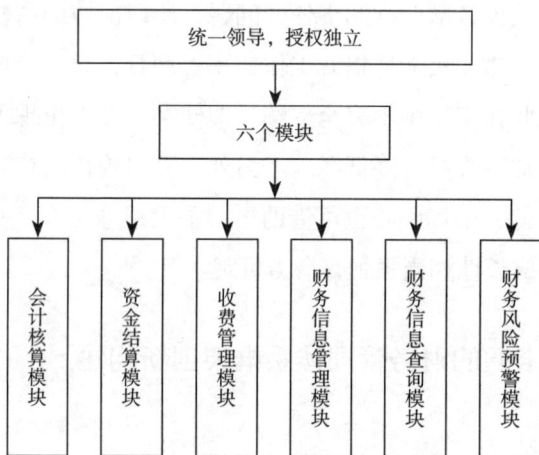

```
统一领导，授权独立
        ↓
     六个模块
        ↓
┌────┬────┬────┬────┬────┬────┐
会计  资金  收费  财务  财务  财务
核算  结算  管理  信息  信息  风险
模块  模块  模块  管理  查询  预警
                模块  模块  模块
```

图6-2-1　校园一卡通财务管理模块

四、校园一卡通的财务管理风险及管控对策

（一）校园一卡通的主要财务管理风险及成因

1.外部风险

外部风险一般与政策制度的缺失、管理不力、执行不当有关，或者高校未能准确理解和把握国家相关政策，引发违反法规的风险。我国高校的财务信息化程度普遍持续提升，但很多高校往往忽视了跟进相关制度。另一方面，如果高校的法律执行没有对应的监督管理，也会出现"无法可依"的问题，总的来说，外部风险主要包括法律风险和合规风险。

2. 内部风险

（1）运营风险。

由于高校对环境的适应和认知能力不足，而外部环境的变数又很大，所以高校在运营过程中很可能难以实现预定目标，乃至运营失败。在校园一卡通系统内，该风险主要有以下两重可能：财务或其他部门工作人员舞弊导致风险，或各部门不合理的结构安排造成的运营失败风险（特别是因为一卡通现有业务流程运作缺乏有力监管）。

（2）操作风险。

在实际的财务管理工作中，工作人员可能出现失误，甚至做出违法行为，这就是操作风险。

（二）校园一卡通财务管理风险管控对策

1. 规范、完善一卡通相关制度

高校需要结合一卡通系统业务包含的各个方面，专门制定全面而详细的管理制度，并根据一卡通平台自身结构及相关需求的变化，改进、填补并革新旧有制度，甚至直接采用新的模式；同时加大宣传，督促每一个员工自觉遵循制度，规范和约束财务人员的行为，使一卡通财务管理活动有据可循、有法可依。

2. 加强软硬件建设及维护

增加技术投入，关注系统及相关技术的最新发展动向，根据系统的配置要求以及校园财务管理的实际需求，采用与之相匹配的设备和管理应用，长期跟踪和监督系统的运行，密切关注软硬件问题，及时上报、审查并修补故障，配备功能强大的杀毒软件和防火墙技术，保证网络财务信息安全，维持系统正常运转。

3. 建立并完善内部控制机制

内部控制主要包括3个关键点：执行不相容职务分离原则、实行岗位责任制、严防财务与资金漏洞。该机制的主要作用在于确保系统内各岗位互不干扰，及时发现并纠正问题，将重大风险控制在可管控范围内，并杜绝舞弊现象。

第七章　高校财务管理发展的新探索

高校的财务管理随着时代的不断进步也在不断改革，在新的时代背景下，高校财务管理的探索要从不同角度来进行，本章从高校财务管理制度的创新、高校财务的供给侧改革、大数据支持下的高校财务管理平台建设等几个角度对高校财务管理的发展进行探索。

第一节　高校财务管理制度的创新

一、高校财务绩效与管理制度

（一）高校财务绩效概述

1.高校财务绩效的含义

绩效反映了一个组织的发展和工作期望，是组织为达到建设目标而施加在不同工作中的输出。按照不同的标准，绩效可分为个人绩效和组织绩效，或经营绩效和财务绩效。

高校作为一个有专门系统的组织，同样拥有特殊的绩效制度。高校财务绩效主要涉及财务活动的实施过程和最终效果，也就是资金投入与产出之间的比例，以及根据结果评定的资金功能（或者说，资金运用对高校目标达成的贡献程度）。

2.高校财务绩效的特征

（1）多因性。

高校内部门或个体的绩效优劣有许多影响因素，受制于相当复杂的主客观原因，如工作性质、环境条件、组织机制等；个体的专业素养、工作愿望、价值取向也是重要的影响因素。

（2）多维性。

高校财务人员需要从多个角度入手，分析和评价不同部门、不同个体的绩效。如果希望考察一个院系的绩效，则需要综合考虑除学生培养素质之外的一系列指标，如科学研究情况、社会服务情况等，通过综合评价各种硬软指标得出最终的评价结论。

（3）模糊性。

高校财务绩效并不像企业那样可以明确地得到测量。高等教育具有政治功能、经济功能、文化功能、社会功能。由于教育结果的长期性，高校财务绩效往往难以体现为具体的指标，因而具有一定的模糊性。

3. 高校财务绩效的功能

这里研究的对象主要是财务绩效视角下的高校管理制度创新，高校的财务绩效便成为逻辑起点。以提高财务绩效为视角，从压缩成本、提升财务绩效的角度入手，深入系统地分析高校各项管理制度之间的关系，从而实施切实可行的利益约束机制和行为规范准则，降低交易费用，减少教育过程中行为主体之间的摩擦、抑制个体的机会主义倾向，从而提高资金的使用效益。通过有效制度安排，提供激励机制，有效激发个体的工作积极性，维护教育教学和科研秩序，减少不必要的内部耗散，提高资金的利用效率。

（二）财务绩效与高校管理制度创新的关系

1. 管理制度是财务绩效提高的重要保障

要提高财务绩效，不是单纯推进财务管理制度所能完全解决的，而是在构建有效的制度安排的同时，还要确定合理的制度结构，从而减少行为的不确定性，增强可预测性，弥补个人理性的不足。反之，如果相关管理制度缺失或者运行低效，在管理制度变迁过程中，由于不断的冲突和矛盾，有限资金的利用效率就无从保障。所以，管理制度可以成为左右财务绩效的根本因素。

由于高校内部组织运作的规则的科学合理性决定了高校组织在教育、教学和科研活动中经费投入的产出效益，反过来，利用经费投入的成本效益分析，也能找出制度本身所存在的缺陷，在此基础上的实证分析和完善，有助于构建更加科学有效的内部管理规则体系。

2. 财务绩效提高是管理制度创新的逻辑归宿

要想提高财务绩效，首先要尝试在固定的经费总量内，优化资源配置，尽可能提升最终绩效。因此，可以以此为切入点和评判标准，优化详细的制度要求，构建高效且可行的制度结构、制度安排、利益约束机制、行为规范准则，降低交易费用、减少教育过程中行为主体之间的摩擦、抑制个体的机会主义倾向等，为高等学校推进管理制度改革、实现内涵式发展提供了新的视角。

因此，有效的管理制度创新，需要以提高财务绩效为逻辑起点，而提高财务绩效，则要相应的管理制度创新。强调明确的责任制、产出导向和绩效评估的新公共管理理论，则为这一思路提供了良好的理论支撑。运用新公共管理理论，以经费的运行过程为主线，以提高绩效为目的进行科学的制度设计，有效降低高校内部的交易费用，从而提高办学效益。这里面又有一个不可忽视的问题，制度设立的目的，在于规范制度内人的行为，而评判制度科学的重要标准，则在于制度能够有效调动人的积极性，通过激励机制对高校内部行为个体的干预来协调高校管理制度变迁过程中的利益冲突，化解由此带来的教育资源利用低效率。

二、财务绩效视角下高校管理制度的优化创新

（一）财务绩效与高校管理制度创新的原则

创新不足、竞争不足、激励不足、教职员工的工作热情不高、潜能不能充分发挥是当前我国高等学校存在的主要问题。推进以提高绩效为核心的管理制度创新，对于建立与现代学校相适应的管理制度具有重要的意义。

1. 提高绩效

提升办学效益可以作为一个高校管理制度改革的核心标准，这就是所谓的"提高绩效原则"。高校管理制度作为一种规则，其最基本的功能是规范和约束高校活动，保障高校各项活动的正常运转。把提高绩效作为高校管理制度创新的原则，是适应高校发展内外环境的需要。对于高校内部而言，面临着高等教育资源紧缺和高校教育资源配置不合理的矛盾。对于高校外部而言，随着社会各界对高等教育发展的关注，以及对高等教育绩效提升的期待，高校只有通过管理制度创新，提升高校管理水平，才能满足人们接受良好高等教育的期待。

2. 激发潜在活力

高校的活力主要源于三个方面：高校的办学理念、大学组织内部各子系统之间的关系（包括教师与学生、学校与院系、教学与科研、行政与学术等方面）、大学和外在环境的关系（包括高校与当地政府部门、高校与周边教育人才市场等之间的关系）。任何高校的活力所在都离不开高远的办学理念的支持，如果一所高校无法固守其办学之初的理念，就失去了其存在的意义，活力自然也就无从谈起；而如果一所高校始终不渝地坚持其办学和处事理念，就会为了达成这一理念而持续奋斗，保持无限的活力。高校内部每个个体及系统的关系，直接影响着整体教学活动的开展。所以，为了发挥和彰显高校的整体活力，高校的内部系统应该实现彼此之间的统一协调，并共同为高校的建设总目标服务，而这离不开科学的高校管理制度。高校的外在社会关系不仅影响其常规工作的开展，还关系到校园的社会形象、招生能力、社会效应等，而自主办学的程度也会对活力状况构成影响。高校管理中的激励机制，是指在一定的理论指导下，有针对性地运用激励方式启迪高校管理参与者的心智潜能的工作系统。由于高校管理参与者的心理需要既有共性又有差异性，这就决定了在设计管理制度时应有多样化的激励措施。同时还要特别注意几方面的问题：一是激励的及时性和适度性，使激励的强度和数量与业绩的大小、贡献的多少相称；二是要建立科学的监控评价机制，这是推进激励机制人本化的有效保证；三是保证激励标准符合严肃性、稳定性的要求，让其顺利发挥积极的、可持续的实际效果；四是大力提升激励机制实施的透明度，因为这一标准直接影响着激励效果令人满意与否，透明度是激励效果最直观的证明。

高校教职工的工作日常和其他行业都有所不同，不仅因为其特殊的责任性质和职业道德要求，还因为这类工作有着极高的重复性：教师往往会面向若干个班级重复讲解同样的教学内容，教学内容在很长一段时间内（对于某些基础科目来说）都没有什么不同，特别是一些专职教师的教学工作，有很多高度重叠的重复性内容。教师在这种重复性和高强度的脑力劳动积累下，很容易产生种种负面状态，如工作疲劳、精神力下降、消极怠工等。专职教师承担的教学工作是高校的工作主体，教学质量的高低直接决定高校的可持续发展，所以，针对其开展的管理和协调工作，正是高校人力资源管理的重要对象。综上所述，调动和保持高校专职教师的工作积极性对高校人力资源管理来说是重中之重，与工作性质和特点相配套的激励机制将教职工的工作目标与高校的发展目标相结合，提高教职工与高校之间的亲密度，让教职工的工作在高校的发展进程中得到高度认识，使教师充分认识自己的不可或缺性。高校科学合理的激励机制能够从根本上提高教职工对本职工作的正确认识，并且充分激发职工的工作积极性。这种激励是无关于物质和精神的激励，而是一种制度上的激励。从物质、精神和制度三个方面的激励机制入手，全方位打造适应高校教职工工作特点的激励机制，以提高教职工尤其是专职教师的工作积极性。

激励机制有利于提高工作效率。在高校管理中，明确教职工的物质和心理需要，结合高校教职工的心理特征，设立符合教职工心理需要层次的激励机制，因为人力资源的管理对象就是广大教职工，不仅让教职工的需求从物质和心理两个层面得到补充，还能够在无形之中拉近管理人员与教职工的心理距离，为教职工带来强烈的认同感和归属感。这种心理层面的归属感能够有效地激发教职工内心的工作热情，将工作作为自己的分内之事，变被动工作为主动工作。不过，要想实现这一点，激励机制须将教职工的个人工作目标与激励层次结合起来，充分考虑并结合现实情况，根据岗位的不同设置不同层次的短期、中期和长期激励目标，这种目标需要实际可行，并且产生客观、能见的效果，分条件、分个人去安排不同层次的激励机制。这样，高校管理人员也会受到激励目标的感召和引领，通过多种形式的激励手段，尽一切可能实现这个可视化的目标，让每个在岗的教职工都产生发自内心的岗位荣誉感，具体说来，就是能在短期和长期的岗位实践之后，通过自己本职工作的成果反馈获得认可感，从而对未来的工作提起信心——这是一种面对工作的积极态度，能够为人带来长期持久的鼓励作用，从而有效地提高教职工的工作积极性和工作效率，从自我成就的角度去完成激励目标，营造积极向上、给人以正面感染的工作氛围，最终形成一种高效的良性工作循环。

高校人力资源管理中激励机制中主要存在以下问题：高校的人力资源管理由专门的人事组织科负责，人事管理在公办高校中是按照行政式的管理方式，而在民办高校中是行政与企业制管理相结合的方式。高校的人力资源管理更倾向于传统的人事管理制度，没有与现代化的"以人为本"管理理念相结合，总之，这是一种相对落后的管理观念。目前，虽然一部分高校已经认识到了优秀的师资的影响效应，但优秀的师资并不是凭空而来的，也不是所有的优秀教师都关注薪资待遇等条件（部分教师甚至无从得知高校真实的薪资条件）。因此，高校应对优秀师资的吸纳工作采用另一种思路，自主吸纳甚至培养优秀师资，而不再单纯指望引进优秀的师资。这样一来，人事管理成本就成了一个必须关注的问题：从管理和机制的角度来说，高校的事业单位性质与社会性的企业制度并不完全一致，从某些角度来看，前者的人事管理意识是对人力资本运营的成本控制，为高校做好人力成本的把控，尽可能花费最小的成本获得最大限度的人力资源。但是，人才的资源性是当代的人力资源管理工作的重心，因为最大限度地激发人力资源的潜力才是发展的关键。所以，高校应转变思路，不能一味地通过压缩成本来维持高校的教学和管理工作的进行，而是在成本可控的基础上，为资源的激发投入更多的人力成本、精力成本等。

高校的人才激励机制主要包括薪酬激励和聘用激励两个方面，这两个方面现存的激励机制不合理的地方几乎都体现在薪酬和晋升机制中，因为这两者的根本依据都仅仅是评定职称，工资薪酬按照职能部门岗位和职称高低进行分层，晋升的激励更是建立在工龄和职称水平的基础上论资排辈的。这种僵硬的激励机制不仅无法吸引优秀的师资队伍，甚至不能对现有的优秀师资人才保持长效的吸引力，这样，激发青年或新进教师的科研和教学热情更看不到任何希望。而其他管理或后勤岗的职工更是在原岗位上等待晋升或者追赶职称。所以说，我国高校目前的人才激励机制普遍不够合理，往往只会按照"一刀切"的模式实施薪酬和绩效激励，而不专门就每个教师的实际情况开展调查，此外，不同的岗位性质不同，其绩效贡献的计量方式也应该有所区别。总之，这种刻板的绩效计算方法，最终能收获的效果可想而知，非常有限。工资薪酬的分配在很大程度上影响着教职工的工作激情，如果能够充分地了解不同岗位对绩效目标的贡献形式、贡献程度、发挥作用的过程等，就能够按照岗位性质和绩效贡献度的区别，更加合理地实施激励机制建设工作，从而解决现存的高校激励机制不完善的问题。

薪酬和晋升是高校用以激励人才的两种关键机制，而这两个评价工作的开展往往也离不开高校的管理工作，二者彼此对应、彼此促进，但高校在人才激励方面的单层次激励（这种模式一直都是不完善的），往往并不能有效地契合行政化的人才管理方案，因为其管理往往使用行政性质的管理模式，无论是薪酬开支还是人事的岗位晋升，对于管理结构来说，相适性都不够强。如果高校的人才管理与激励不能相配合，那么两者之间的合作效果就会受到负面影响。而在评价机制方面，高校对教职工的评价方式的不一致，导致评价结果与激励不能相互产生作用，评价的显现结果其实就是体现在职称评定上，职称的评定与薪酬待遇又有直接的关系。但是，如果按照行政化的管理体制开展工作，高校教职工的工作就能体现终身性和稳定性等原则，职称的评定也是如此。在这种管理制度下，人才激励与人才评价更应该加强彼此的相互度，刺激彼此有效性的激发。

高校教职工在日常工作中，会受到来自高校的人力资源管理与行政管理手段的综合影响和制约，特别是高校教师的自由发展和知识的利用率。而现阶段我国出台的一系列文件和政策，皆旨在实现高校的行政管理与人力资源管理的有机结合，并为高校的人力资源管理指明方向。在高校人力资源管理中，为了有效运用激励机制，高校的行政管理与人力资源管理应当有效结合。高校的人力资源管理和高校事业单位的性质都在近几年的高校改革中屡次被提起，这些积极鼓励性质的政策无疑能给高校科学人力资源管理的开展注入一支"强心针"。

无论是高校教职工的薪酬制度，还是绩效考评，都是按照职称层次来规定的。然而，这种薪酬制度并不能有效地激发教职工的工作积极性，因为它和岗位性质和绩效贡献度的关联程度并不高，所以配合效果也不理想。如果希望改变这一现状，就应当改变现有的薪酬激励制度，按照从实际出发的梯度性原则，结合在岗的工龄和绩效贡献度等因素，设定激励多方位、多角度的等级，针对不同的岗位，安排不同程度的绩效奖励和薪资奖励，尽可能地将薪酬的激励层次与人事管理的层次进行梯度配合，达到两者相互促进的作用。这样一来，薪酬激励制度会体现梯度性特征，从而有效改善原先将职称和薪酬挂钩的、刻板的薪酬制度，给予了新进教职工很大的激励作用，充分调动了其工作积极性。

考核是一个相对客观的过程？因为它完全以数据为证据；但评估则有一定的主观色彩在内，建立在特定评价指标的基础上。无论何时，高校的绩效考核都以教职工的工作绩效考核和评估两个基本统计结果为根基。从某种意义上来说，各个高校的考评方案直接决定了每个教职工的绩效评估结果。因此，高校必须重视并不断完善现行的完善绩效考核制度，在能够量化的指标上尽可能量化，设计绩效考评方案时充分考虑并区分不同教职工岗位间的客观差异，同时还可以借鉴其他企事业单位的全方位的评价方式，多结构、多角度地进行全方位评价，最大限度地提高高校教职工绩效考评的公平性和可行性。

3.优化资源配置

就教育领域而言，资源配置的实质就在于通过科学的战略管理、合理的规划方案，解决教育服务的产出规模、结构和办学效益等问题。结合上述标准，高校的教育资源配置大致分三个层次：宏观层次方面，国家通过一定的体制和运行机制，统筹安排有限的高等教育资源并将其分配于不同区域；中观层次方面，一定的区域再将本区内稀缺的高等教育资源在本区高校间进行分配；微观层次方面，高校内部对其自身拥有或控制的教育资源进行再分配。其"优化"的核心就是在高校内部资源的利用过程中把握战略重点、重整资源的配置格局，通过采取相应的方案、措施和方法，使资源从低效益的系统向高效益的系统流动，从而提高教育资源的利用效益。

与大学的期待和需求相比，大学现有的资源总是不足。可以肯定地预测，在未来很长一段时间内，资源短缺对决策将会起到决定性作用。在大多数情况下，学校都制定了明确的资源使用决策，不过有时候，有些资源使用决策并不那么明确，因为有成百上千个甚至更多的个体和单位都在互相争夺资源，向校方索取资源。无论采用哪种资源配置模式，大学内部近期都不得不在资源短缺的困境中挣扎。任何提高资源使用效益、保持必要平衡的能力都很重要，甚至可能影响学校的局面，因此科学的资源优化配置决策变得越来越重要。

（二）财务绩效与人才培养制度优化创新

围绕提高财务绩效，财务的流转过程必然涉及教学、科研、师资等各个方面，而高校内部组织运作规则的科学合理性决定了高校组织在教育、教学和科研活动中经费投入的产出绩效，也就是说，现有高校内部的制度安排对高校内部的交易费用产生影响，如果管理制度的安排上存在缺陷，投机主义行为顺势发生，交易费用便会相应提高，从而影响经费的利用效率。反过来，利用经费投入的成本效益分析，也能找出制度本身所存在的缺陷，在此基础上进行的实证分析和措施完善，有助于构建更加科学有效的内部管理规则体系。为此，基于提高财务绩效目标，在推进财务管理制度改革的同时，我们还必须同步推进相关管理制度改革，以寻求财务管理制度改革效益的最大化。

1. 高校人才培养制度现状

（1）高校人才培养定位。

人才培养是高校的首要任务。不同类型和规格的人才需要不同层次、不同类型的高校进行培养。因此，高校办学层次和类型是可以分类的，其分类决定着人才培养目标和质量。结合当前我国的高校基本情况，大致上可以分为研究型、教学研究型、教学型、技能教学型四大类。

高等教育的人才培养可以总结为两个描述，"培养什么样的人"和"怎样培养"。任何类型的高校都要遵守这样几项原则：国家需要是前提，学校定位是关键；社会需求是导向，培养模式是核心；通识教育是基础，能力培养是本位；知识应用是基础，创新能力是目标。

研究型大学是为国家提供高层次人才的关键，应坚持技术创新研究和基础理论原创性研究，努力向研究生教育的方向发展，培养复合型、创新型人才。

教学型高校则是我国高等教育的主体，也是应用型高级人才的主要来源。教学型高校的特点是：总数多、范围广、层次详细、类型多样，培养生产、服务和管理的各类技术应用型人才；科学研究以技术的应用研究为主。

教学研究型大学的性质介于研究型和教学型高校之间，一般是研究生教育与本科教育兼有，本科教育占比较高。这类高校主要负责培养具有一定的复合知识和学研潜力、以技术应用与开发见长的高级人才。

综前所述高校教育的培养目标可以分为三类：研究型人才、应用型人才、技能型人才。重点院校培养研究型人才，这些人将来的方向是读研，将来从事研究性的工作；普遍本科院校培养应用型人才；高等职业教育培养技能型人才。

目前，很多人可能都有这样的疑问：应用型人才和技能型人才有什么区别？这实际上就是工程师和技术工人的区别。工程师应具备用创造性思维解决多种实际问题的能力，而技术工人只须解决固定的几类问题即可。

（2）人才培养模式发展。

随着大学通识教育的时间积累，以及高校体制改革措施（如选修制、学分制以及参考学科大门类招生等）的陆续落实，高校的人才培养内容正在逐渐转变，越来越倾向于构建宽专业、宽基础、宽口径的人才培养内容体系。传统的人才培养方法，如偏重书本知识、强调课堂讲授和经验传递等，也已经渐渐脱离时代，无法满足新型高效的培养需要。取而代之的是在各大高校之间不断推广的实践教学、实验教学、案例教学等新式教学方法，这些方案强调通过亲身实验和社会实践培养学生的实践素质和创新思维，已经逐渐成为各高校教学方法改革的重要参考依据。

有些人的观点是，本科教育需要培养的是学习能力、思维能力和创造力。这当然很重要，但并不是应用型人才应该具备的能力的全部。如有些人学习能力和思维能力很强，可以读到博士，但做具体产品的时候却并不一定成功，执行力、协调沟通能力等不足。应用型人才应具备的能力可以统称为工程素养或工程能力，不完全地概括，可能包括以下一些方面：了解市场、用户的需求变化以及技术发展；编制支持产品形成过程的策划和改进方案；工程解决方案的设计、开发；考虑成本、质量、环保性、安全性、可靠性、外形、适应性以及对环境的影响，找出、评估和选择完成工程任务所需的技术、工艺和方法，确定解决方案；制订实施计划；实施解决方案，完成工程任务，评价结果；提出改进建议；能够使用技术语言，在跨文化环境下进行沟通与表达；能够进行工程文件的编纂，如可行性分析报告、项目任务书、投标书等，并可进行说明、阐释；具备较强的人际交往能力，能够控制自我并了解、理解他人需求和意愿；具备较强的适应能力，适应不断变化的人际环境和工作环境；能够跟踪本领域最新技术发展趋势，具备收集、分析、判断、归纳和选择国内外相关技术信息的能力；具备团队合作精神，并具备一定的协调、管理、竞争与合作的初步能力；具备良好的职业道德和法律素养。

如果以以上能力作为应用型人才的培养目标的话，对国内现有本科教育的要求将会更高，所以，学校教育仍有相当庞大的提升空间。

2. 高校人才培养制度问题

评价人才培养质量，必然要筛选若干反映人才培养成效的指标进行分析。这里基于研究视角和篇幅的考虑，对指标体系的构建不再做过多的论述，将关注的重点集中于若干重要的指标和重要的培养环节，并通过制度构建、优化培养环节的资源配置和管理，在有效降低培养成本的基础上，确保培养质量和人才培养结果指标的不断提高。具体来讲，推进人才培养制度改革，就是要通过制度设计优化配置和合理运用各种管理资源，激发教育学院（系）、教师及学生三方潜能以及学习、工作的积极性，同时对偏离目标的行为进行控制以实现高校人才培养的目标。

（1）本科生培养中存在的问题。

随着我国高等教育进入大众化阶段，本科生教育作为我国高等教育最为重要的组成部分，其担负着为国家和社会培养主流劳动力的重任。社会经济的快速发展对本科生培养的数量和质量都提出了新的要求。

我国大部分本科院校现有的教学模式仍主要以教师为中心、以课堂为中心、以教材为中心，"满堂灌"现象严重，以陈旧的内容进行呆板的课堂教学，学生则只能被动地接受书本知识，学生自身在教育过程中的作用和地位尚未得到充分发挥。

①培养过程缺乏有效引导。受西方教育思想影响，"放羊式"的教学管理方法被视为能有效培养学生的自主能力而在各高校普遍存在，而高校教师及学生管理人员过于相信学生的判断能力和自我约束能力，教师在完成教学任务后就离开课堂，对学生知识掌握、运用能力缺乏有效及时的指导；对学生的专业特长、发展方向缺乏充分的了解和指导。久而久之，导致学生在学习过程中被动接受知识，同时存在目的不明、动力不足的问题。

②现有的考试考核体制上的缺陷明显。受应试教育影响，大多院校对学生考察考核仍以传统的闭卷笔试为主，这种情况下，学生学习的主要目的是考取高分，分数越高，获得的奖励也就越多。而考试考核的内容重理论、轻实践，考试的形式简单、僵化，评价标准过于单一，考前临时"抱佛脚"，突击任课教师提供的考试范围就可以取得十分优异的成绩，这些状况的普遍存在使考试考核的诊断、反馈和矫正的评价功能被削弱，也挫伤了学生平时刻苦学习的积极性。

③教育目标狭隘，教育手段单一，学校成为培养标准化人才的"教育机器"。有人认为在我国高校人的个性发展未能受到应有的重视，我国的本科生教育教学中普遍忽视学生在认知学习上的个体差异，要求所有学生在同样的时间内，运用同样的学习条件，以同样的学习速度掌握同样的学习内容，并要求达到同样的学习水平和质量。而教育学原理告诉我们学生中的个体差异是正常的，不能忽视这种差异的存在，我们要做到尊重每个学生，使学生的个人潜能在大学校园里得到充分发挥，并根据自己的兴趣爱好决定自己的未来。

（2）研究生培养中存在的问题。

我国研究生教育的发展取得了举世瞩目的成就，为国家现代化建设输送了大批急需的高水平人才。但是，我国的研究生教育与发达国家的研究生教育相比，发展时间较短，起点较低，发展水平亟须提高，目前尚不能适应和满足国家的战略发展需要，特别在建设创新型国家和知识型社会的背景下，我国的研究生教育培养中仍存在着许多问题，这些问题的存在严重制约了我国研究生教育培养的质量。

①研究生教育规模扩大导致研究生培养质量持续下降。20世纪80年代以来，我国研究生教育规模一直保持着较快的发展速度。研究生教育规模的逐年扩招，导致研究生生源质量和培养质量均出现了不同程度的下降趋势。尽管国家通过"211工程""985工程"和"研究生教育创新工程"等政策和措施来优化重点大学和研究生培养单位的研究生培养环境，但是，从全国整体来看，研究生生源质量和培养质量仍旧呈现出令人警惕的滑坡趋势。与此同时，研究生学习功利化导致研究生的创新精神与创新能力不足仍旧是我国研究生教育的致命性弱点。

②研究生教育规模扩大导致支撑研究生教育发展的条件不足。自恢复研究生教育以来，我国的研究生招生规模一直呈高速扩张之势，而支撑研究生教育发展的教育经费、科研条件、师资队伍等研究生教育培养的制约因素却没有得到同等提升，导致原有的研究生教育资源的相对紧张，具体表现在：研究生均经费不断降低；研究生奖助费用偏低；研究生导师与学生数量比较大，师生间隔阂严重。过去，每个研究生导师可能只指导1～2名研究生，随着招生规模的不断增加，现在有的导师平均所带的学生数成倍增加，在一些文科专业尤为如此。在一些大学中，有的全日制文科专业研究生一届招收100多人，这么大规模的学生数量使得研究生教育本科化。一个研究生导师所带的研一、研二、研三同学合计竟有70多人，使得导师指导学生的精力和科研项目显得短缺，很多研究生处于"放羊式"状态，更有甚者只有在开学典礼和毕业典礼上见一下导师，平时根本得不到导师的详细指导，研究生培养质量可想而知。

③研究生教育培养模式落后，与经济社会发展需求间问题突出。20世纪90年代以来，我国通过产业结构调整使经济社会和产业结构发生了巨大变化，与第三产业相关的学科专业越来越受到用人单位的欢迎，而研究生教育结构却没有及时调整，不能适应社会多样化的研究生教育需求，表现在定位于按照从事科学研究培养的传统基础性学科研究生供大于求，就业困难，而具有灵活市场适应性的

一些新兴学科的专业学位应用型研究生却极度缺乏。

④研究生教育体制不完善、培养过程越来越简单。目前，部分研究生培养单位过分注重应用型倾向，导致很多研究生培养单位纷纷对研究生学制进行改革，实行缩短研究生培养年限的弹性学制，更有许多研究生迫于就业压力而提前毕业，培养年限的缩短必然会影响研究生的培养质量。同时，研究生阶段所开设的课程和本科差别不大，授课教师也大多一样，导致现在研究生教育越来越"本科化"，有的研究生培养单位有统一课程设置、统一教材，大班授课，导致研究生本应具有的创新和科研优势被磨灭，难以培养出高质量的研究生。

3.人才培养制度改革以提高财务绩效为导向

产出指标应用于经费配置和绩效评估，是财务绩效管理的重要思想。以提高财务绩效为导向的人才培养制度改革，就要合理控制学生规模，确保规模和质量的和谐发展，同时在本科生培养和研究生培养方面进行制度创新。

（1）推动本科生培养制度创新。

①进一步理顺政府与大学之间的关系，逐步落实高校办学自主权。

大学自治是高等教育历史发展过程中形成的重要传统与典型特征。大学自治就是大学办学过程中保持一定的自主性，能够遵循高等教育规律，即落实高校办学自主权。大学自主权的实现往往会受到政府行政权力的影响，政府与高校的关系如何，直接关系到高校自主办学的实现程度，进而影响人才培养质量。

第一，赋予高校充分的办学自主权，改变办学的"行政化"现状。

政府要明确职责、重塑角色，切实推进高校举办者、管理者、办学者的职能分离。为了达到高校的办学理念和教育使命，政府要寻找自身职能的平衡点，而高校则要在自主办学与自我约束之间实现有机协调。

第二，创新高校内部治理模式，保持行政权力与学术权力之间的动态均衡。

高校内部事务可以分为行政事务与学术事务两种，与此相对应，处理两种事务的权力为行政权力和学术权力。学术权力和行政权力的关系问题在高等学校一直存在，如何解决学术权力和行政权力的关系问题，反映着高等学校的时代特征，决定着高等学校存在与运行的状态和形象。即使在去行政化的趋势下，任何否认行政权力在高校客观存在的观点都是不正确的。在现代社会，行政权力在高校运转中既有存在的必要性，也有存在的合理性。当前社会各界对行政权力的诸多诟病，其实质是行政权力过于强大，干预了学术权力运行。因此，在高校内部治理变革中，要探索如何保持行政权力与学术权力之间的平衡，使学术的归学术、行政的归行政。行政权力与学术权力的关系包括三种模式，即行政权力主导模式、学术权力主导模式以及二元适度渗透模式。我国高校内部治理变革应逐渐实现由行政主导模式向二元适度渗透模式转型，达到行政权力与学术权力有机结合的目的。

②创新教育教学模式，突出学生的创新能力、实践能力培养。

高校人才培养中标准化、程序化的运作模式，扼杀了高校的创造活力，使高校沦为规模化生产初级劳动力的车间。为了克服这些消极影响，要对现行的高校教学科研体制与人才培养机制进行改革，积极推行创新型教育模式。高校课程要超越模式化、单一化的倾向，以"人的全面、充分和自由发展"为本位，构建多样化课程体系，以促进学生个性的自由发展和创新能力的提高。"在教育中，一切都应当以教育者的个性为基础，因为教育的力量主要来自人的个性这个活的源泉。任何规章制度和纲领，任何人为设置的机构，不管它设想得多巧妙，都不能取代教育事业的个性。"为此，要积极营造有利于创新的环境，制定一整套有利于创新的管理制度。

目前，中国的高等教育有可能面临改革的临界点。新教育体制的执行理念在于把人当成目的，而非手段。

首先，高校应该不遗余力地加大对于学生培养的投入，包括制度性激励教授提高教学精力分配；制度性增加校工，除了基础校园运转，身心辅导、社团和就业指导等也非常必要。因为高校在这些服务的供给上有规模优势，即使学生会因为志趣不同或者擅长专业非本专业带来所谓的"浪费"，但对于他们来说，得到呵护和正确的培养，对于整个社会带来的正外部性绝对大于教育投入。

其次，高校应摒弃红利思维，尊重老师和学生，具体做法为关照教授们的职业生涯压力和角色紧张，为学生提供具有"容错性"和"调整空间"的评价体系。比方说，允许学生在每一学年内，一门课考若干次，考试成绩达不到自己满意可以重考；与之相对应的，每年也应当留出一定的自主时间，供学生灵活选择自己的毕业时间。

最后，让高校更多承担社会责任，是帮助学生融入社会的更好方式。高校需要放弃"大干快上，多快好省"的追赶者思维（这种思维能解决从无到有的问题，没办法解决从有到优的问题，甚至阻碍了变优这一过程），尊重客观规律，尊重人作为一个个体有质量的学习和发展自我的客观需要，才能为现代化社会和产业升级提供更多"既专业又幸福"的"社会公民"。

③改革目前的评估模式，建立和完善多层次质量监控体系。

随着高等教育发展进入大众化阶段，高等教育的质量危机日益引起人们的重视。围绕高校教育质量的评估也随之兴起。对于高校而言，适当的评估既是高等教育质量的评价手段，也是对高等教育质量的有力监控和保障。目前，我国高等教育实现了从精英教育向大众教育的转型，与之相适应的是高等教育质量观要走向多样化，高等教育的评估模式也要从单一评估走向多元评估。

（2）推进研究生培养机制改革。

近年来，随着高等教育的快速发展，我国研究生规模高速大范围扩张，不可避免地加重了资源压力，对研究生培养质量的提升形成了不利影响。但目前的突出问题是，数量上去了，质量还没有同步跟上，研究生这支庞大的科研生力军的作用还没有发挥出来。其中一个重要的制约因素，就是研究生培养机制还不够完善。目前的研究生培养机制，是在过去特定的历史条件和环境中形成的，不利于导师作用的发挥，不利于研究生积极地调动，迫切需要我们通过大力推进研究生培养机制的改革来加以解决。

①完善研究生培养的协调机制。

建立以科研为主导的导师负责制和以科研经费资助为引导的导师资助制。核心内容就是"两个必须，两个加强"，要求导师必须有科研课题，研究生必须做科研工作，加强"入口"管理和"出口"管理。要求导师向参与科研项目的研究生提供经费奖助，并且明确奖助标准，调动研究生参与科研的积极性。新模式的意义之一在于发挥导师的研究生奖助职责，提升其科研指导的积极性，借此保障研究生培养质量的提升。同时，大力推动高校、科研机构与企事业单位、政府部门间的合作，加大研究生培养相关利益群体的参与力度，完善研究生培养的协调机制。

②构建以科研为主导的新招生指标配置模式。

高校可以每年拿出若干个导师全额资助的研究生招生指标，在全校范围公开竞争。除了研究生导师可参与竞聘外，具有博士学位且有高水平科研项目的博士生也具有竞争资格，新模式的核心导向是以科研为主导。新机制改变以往评价标准相对单一的选拔模式，提升复试所占比重，重点考查学生的思维能力、逻辑能力等科研综合素质，保障生源质量。

③健全研究生培养的过程管理制度。

加强研究生过程培养的规范化，确保质量，逐步建立和完善研究生培养淘汰制度。主要包括五个方面的内容：一要强化人才培养的链条，包括培养目标、培养模式、专业设置、教学内容、教学方法、教学手段、课程体系、教学的组织和管理、教学质量保障体系等；二要更新教育观念，改变长期存在的重知识传授、轻能力培养，重专业教育、轻素质教育，重灌输、轻启发，重继承、轻创新等倾向，要融知识传授与能力培养为一体，融专业教育与素质教育为一体，融教学与科研为一体，培养学生的创新精神和创新能力；三要强化实验和实践教学，注重学生的科学研究训练，要改革实验教学方法，按照基础型实验、综合型实验、设计型实验和创新型实验四个层次提高学生的实践能力和动手能力；四要坚持全员育人、全过程育人、全方位育人，把教书育人、服务育人、管理育人、环境育人落实到学校工作的方方面面；五要坚持德育为先，帮助学生树立正确的世界观、人生观、价值观，牢固树立社会主义荣辱观，培养学生的远大理想，使其努力成为国家建设的栋梁之才。

④建立新的研究生奖助体系。

高校要重视发挥研究生在科学研究中的生力军作用。研究生培养单位应统筹多种资源，包括原来的由国家下拨的研究生培养专项经费、作为生活补助的研究生助学金、导师提供的助研经费、社会捐赠的奖学金、科研项目中的人力资源成本费以及学校筹措的其他经费等，用于建立以科研经费为引导的导师资助制为核心的新的研究生奖助体系。推行以科研经费为引导的导师资助制，重在促使导师争取大的科研项目，产出高水平科研成果和培养高质量人才。同时在导师的资助下，研究生可以摆脱生活压力而全身心地投入到学习和科研中去。

⑤推行以科学研究为主导的导师负责制。

在研究生培养中，科研创新是灵魂，导师负责制是基础，提高人才培养质量是目的。因此，应建立以科学研究为主导的导师负责制，强调和督促导师科学研究水平的提升。

（三）财务绩效与科研管理制度优化创新

1. 高校科研管理制度的现状

正确分析高校科研管理制度的现状是改革和完善高校科研管理制度的前提。

（1）高校科研管理制度初步形成。

近年来，我国政府陆续制定了一系列关于科研管理的公共政策，如《关于国家科研计划实施课题管理的规定》《国家社会科学基金项目管理办法》《关于改进和加强中央财政科技经费管理的若干意见》《国家高技术研究发展计划管理办法》《关于进一步改进高等学校哲学社会科学研究评价的意见》等。在国家政策的指导下，我国高校在科研管理方面也出台了一系列规章制度。这些规章制度的大多数是对传统科研管理制度改革的结果，即对不适应市场经济发展要求的科研管理制度变革的结果。

在当今世界，"科学技术是第一生产力"的趋势越来越明显。随着"科教兴国"战略的提出，高校普遍认识到抓好科研工作是硬道理，把科研活动摆在突出位置，甚至把科研活动视为学校整体工作的中心环节，强调"科研立校""科研兴校"，强调以科研工作提高人才培养质量、更新教学内容和带动学科建设。长期以来，人们认为自然科学的重要性高于社会科学，甚至怀疑社会科学的"科学性"。结果，我国哲学社会科学的经费投入与自然科学相差甚远。高校科研工作涉及学校、科研人员、科研团体、科研管理者等各个方面，各利益主体之间的关系需要制度加以调节。假如没有科研管理制度所确立的行为准则，各利益主体间的关系就会陷入混乱无序的状态，从而影响科研效率的提高。制度除了能够规范和指导科研活动外，还能够为科研活动提供保障，避免科研活动陷入"人治"误区。我国高校的科研管理制度建设普遍把制度建设作为提高科研水平的重要举措，争取实现科研管理的制度化、规范化。

（2）奖惩制度立足高校科研管理制度建设的要点。

"事将为，其赏罚之数，必先明之。"[①] 奖罚制度能够把科研人员的切实利益与科研成果联系起来，从而激励其行为向高校管理者的期望要求行动。奖惩制度

---

① （春秋）管仲撰；吴文涛，张善良编著 . 管子 [M]. 北京：北京燕山出版社，1995.

应当遵循按劳分配、多劳多得、优劳优酬、奖优罚劣的原则，其主要功能在于激励。高校的科研奖励制度应当是公开透明的。科研人员在奖惩制度激励和约束功能的作用下，能够保持进步意识，不断为提高绩效而努力。

2. 财务绩效视角下高校科研管理制度问题

虽然我国高校科研管理制度长期以来都在推动科研事业的繁荣发展，但是依然存在一些不可忽视的问题，亟待相关人员加以重视并及时解决。

（1）科研考核评价制度不合理。

目前为止，数量评估依然是我国科学研究绩效评估的主要特征，对科研人员进行量化考核，这种模式非常直观，且容易实施。但是，其弊端也是十分明显且积压已久的。首先，量化考核很容易引发"重数量，轻质量"的弊端，一些高校片面要求科研经费的数量，但用文章数量衡量作者真实水平的标准并不准确，滥竽充数、掩人耳目的问题时有发生，至于在低质量刊物上发表的文章数目就更不能说明问题了，更为重要的应该是必须考量这些发表的工作成果中所起的作用大小，有的学者挂名的文章很多，其实他并没有做出什么贡献。与之相反，有的科学家文章并不多，但篇篇有分量，有的著名学者一生总共也没有发表多少文章，却对科学的发展贡献巨大。

我国的许多高校，在绩效考核方面都面临这样一个问题：教师与行政人员之间总是存在突出的矛盾，年终绩效工资的核算和分配不够合理。许多人都有这样的疑问：高校职工收入分配是否应当遵守某些基本原则？要解决这个问题，首先应当明确教师与行政人员之间的异同。

在国内，教师与行政人员只是教学科研岗和行政岗的区分，但都是事业编制，同属国家工作人员，都有授课的资格。比如辅导员给学生讲授形势与政策，学院专职书记、副书记给学生上思政课等。教师以教学和科研为业，走讲师、副教授和教授的晋升之路，学而优则仕，除了学院内部的系主任、副院长和院长，还可以担任学校层面的副处长、处长等。

与此相较，行政人员以服务和管理为业，走科员、副科、科长、副处、处长的晋升之路，仕而优则学，可以在行政类中发论文、拿课题、写咨询报告等，同时晋升副研究员、研究员，甚至还可以获得副教授、教授的职称。虽然这类行政人员的人数比例和岗位有限，但只要晋升上来，除了难以进入学术委员会之外，能够在学校、学院管理上获得极大的话语权，这和仅以学术为业的普通教授相比，是一个很大的优势。由此产生了这样一种情况：行政人员要划分为一般行政人员和行政领导，而后者中有一部分是双肩挑的，既是某个学院的教授，又担任学校处室的行政职务。

绩效工资是对每个月发的正常工资的补充，通常在每年年终根据年度考核结果进行核算和分配。其本意是，奖勤罚懒、奖功罚过、多劳多得。绩效工资的核算首先划分开三类岗位，即教学科研岗、行政岗和工勤岗，以前两者为绝对分配主体。针对教师和行政人员，学校会制定统一的考核规则和核算标准，而其公平与否或被认为公平与否，主要看这些规则和标准的内容。

对于教师，即教学科研岗，主要考核教学、科研和服务三项。按照这三项的完成情况，年度考核确定为合格或优秀。教学即课时量，服务即担任行政类职务。

在正常情况下，教师绩效分配的重点是科研，按论文、项目、奖项等"明码标价"，作为学校鼓励科研的标志，最为教师们所关注，但这对同有教职任务的行政人员来说却是一个难以企及的目标。因为行政人员主要考核本职工作的完成情况，但存在考核内容和标准不明确的问题。只要不缺勤，工作态度认真负责，上级下发的任务也都能完成，不出现重大纰漏，行政人员的考核一般都会被判定为合格。至于取得怎样的效果，则不是某个人能够决定的。大多数行政人员都没有行政类科研，或者也达不到学校的奖励标准，使得绩效核算时只有考核合格这一项。

按照考核规则和核算标准，学校人事部门会根据本年度的绩效工资总量和各个学院与机关处室的考核结果，一般是按比例进行划拨，再由学院按照自己制定的方案分配给各个老师和学院行政，机关处室也大致如此。

使用这种二次分配的模式，学校层面会获得三个好处：其一，学校在划拨绩效工资给学院和处室时可以坚持一定程度的标准跨越，人事部门有很多理由进行解释，比如今年的绩效工资总量减少，或今年的划拨标准是依据前几年的平均数，总有相应的解释回应各种质疑；其二，标准的放款使得学院不至于和学校产生过于激烈的矛盾，减少了学院与人事部门的可能冲突；其三，把教师的实际核算和个人分配下放到具体学院，可以避免教师与学校层面的直接冲突，分配方面的矛盾能够分散给其他各级部门后期解决。

　　绩效分配的主要矛盾起源于，学校制定统一的考核规则和核算标准可能有失公平。除了绩效工资总量的减少或波动，这种有失公平的情况主要出现在教师与行政人员之间，或教师与行政领导之间。绩效分配要怎么制定统一的考核规则和核算标准呢？

　　绩效分配工作由学校书记、校长指导，人事部门制定具体方案，普通教师在其中没有多少话语权。在学校处级副处级干部中，大约有三分之一是行政人员或行政出身，在制定和影响制定绩效分配方案时，有着比普通教师甚至普通教授大得多的话语权。而当学校书记和部分副校长原本就是行政出身时，这种话语权还会被放大，倾向于制定或明或暗地有利于行政人员的分配方案。这就是为什么会出现"一线教师必须超额完成教学任务才能获得和行政人员一样的绩效的现象"的原因。同时还会出现如下现象：层级较低的教授完成基本工作量时，拿到的绩效工资甚至不如刚入职的下层办事员，使得教师的职称含金量大大低于行政人员的职级含金量。在学院层面上，二次分配时偏向行政人员，很多时候是作为管理和约束教师的手段。因为很多教师平时是不会频繁接触学院领导的，而行政人员却必须时刻紧跟和完成指令。

　　行政人员经常不满于满勤加班，教师也对繁重的教学科研任务感到头疼，双方都有提出不满的理由，但却不是绩效分配时有失公平的理由。要建立合适的分配方案，首先应当认清楚高校的本质和运行方式：没有人会否认，高校的主体是教师和学生，不能想象没有教师的高校或没有学生的高校；一般行政人员的职责仅仅是服务，行政领导的职责包括一定程度的管理，而管理也是为了更好地服务。教师和学生是高校收益的根本来源，一线教师的教学科研可以提升学校的声誉和排名，使之获得更多的科研经费和办学经费，进而吸引优质学生，收取更多的学费，形成良性循环。行政人员是二线的，只能间接创造收益，是建立在教师和学生的基础之上。按照这样的原则，在绩效分配时，应当坚持一线教师优先，二线行政人员参照教师的标准适当下调，使二者成为绩效工资同幅波动的利益共同体。

　　经过长期观察，其中的比例原则大约应当是，行政人员的平均绩效工资保持在教师的平均绩效工资的70%～85%。一般行政人员保持在70%，贡献突出的行政人员和行政领导最高达到85%。保持教师与行政人员在绩效工资上的同幅波动，使二者成为收益分配的共同体，教师收益的增长可以带来行政人员收益的增长。

这样就既会维护高校教学科研的根基，又会激励行政人员更好地服务教师，使教师保有基本的工作尊严和饱满的工作热情，行政人员保有其服务本色，并在学校的发展中水涨船高，一同受益。

在绩效分配中构建教师与行政人员利益同幅共享的机制，才能最终保证二者和谐相处，共同致力于学生培养和学校的发展，而不会迫使更多教师对绩效与薪资问题提出质疑，对高校的长期可持续发展造成不良影响。

（2）激励约束制度不完善。

在激励约束制度设计上，我国高校存在重物质激励、轻视精神激励的现象。在部分人心目中，"以物质利益来替代精神和道德责任，好像谁谈精神和道德，就是违背潮流，就是老眼光、旧思想。人们本来的善良、责任和高尚被嘲弄。一时间金钱吞噬了良心和美德，物质利益成为唯一法则"，无私奉献成了笑谈，淡泊名利成了"不懂世故"。

物质激励是通过物质刺激的手段来鼓励教师更好地工作。它的主要表现形式有薪水、奖金、津贴、福利等。美国心理学家马斯洛的需求五层次理论说明，人的需求是分层次的，只有满足了低层次的需求之后，才能考虑高层次的需求。追求基本物质的需要，是人生存的本能，作为满足低层次需求的保障条件物质需要，对绝大多数人来说，仍然是个硬道理。物质激励能够对教师产生强大的激励效果和示范作用。但是，单纯借助物质利益刺激，依然会出现激励动力不足的问题。通常情况下，不同年龄、职称的科研人员的需求具有一定的差异性，但是激励约束制度设计却没有"对症下药"。

（3）科研经费使用和管理制度不健全。

科研人员要想获得转向科研资金支持，首先要具备财务责信能力。这种能力大致包括两个方面。一方面是合理使用研究经费，并为经费的取向负责，明确相关记录。显然，获得任何种类资助的研究都必须这样做。受资助者和课题负责人有责任按照有关法规的要求和项目申请书中提出的研究目标，合理地调用研究经费。另一方面是经济利益冲突，科研人员必须充分认识到并合理处理可能对研究工作形成损害的经济利益冲突。但是，滥用科研经费依然是我国高校科研中的共性和突出难题。科研人员具有从科研经费中获取个人收入的动机。目前的科研经费监督制度也存在一些值得改进之处，科研经费监督过分倚重项目依托单位。

3. 财务绩效视角下高校科研管理制度创新

严格意义上讲，科研投入和科研产出是一个成正比的关系，而这就需要改革现有的科研管理制度，构建良性科研工作局面，激发教师的科研积极性，构建富有活力的科研创新环境。

（1）改进管理人员选拔培训制度。

高校科研管理人员的思想觉悟和自身素质，会直接影响本校科研管理水平的提高。选拔制度的主要功能在于把好"入口关"，因此，应严格管理科学研究领导和组织能力，提拔真正热爱科研管理工作，且素质过硬的人员，并及时更新科研管理人员的认知，开阔视野，增强服务意识和能力。理论学习是一种重要的培训形式。理论学习可以使科研管理人员掌握一定的管理知识和法律法规知识，熟悉国家的科技政策。相对于理论学习来说，科研管理干部挂职锻炼的作用更加突出，也是一种较为新颖的培训形式。科研管理干部挂职是指某一高校的科研管理干部到政府部门或其他高校担任相应的职务，期满后重新回到本校。挂职有利于吸取和借鉴他人的管理经验，有利于提高科研管理人员的社会交往能力、合作能力、沟通能力、组织协调能力，有助于发现和培养有潜力的青年科研管理人才。总之，挂职锻炼是培养有效的科研管理工作者的一条重要途径。

（2）改进组织模式，提升科研工作质量。

不同类型的高校作为基层学术组织，应该相对应地建立不同的组织模式，推动教学科研的融合，凝聚团队力量，构建高水平的科研基地与平台。教研室这种基层学术组织是按照教学型大学的需要建立起来的，对教学型大学而言非常有效。对很多高校而言，基层学术组织要深化改革，要重点引导科研人员不断创新思维、更新知识、提高技能。要充分发挥国家和省部级重点科研机构的主力军作用，树立长期性可持续发展的目标和思路，培养和引进学术骨干，在人力、物力、财力上给予倾斜支持，为其配备专职的科研人员，切切实实把这些科研机构做强。

（3）建立和完善科研激励制度，把科研工作做活。

①在机制中贯彻"以人为本"理念。

古人云："举大事者必以人为本。"改革开放的总设计师邓小平同志也曾指出："国家兴盛、企业发展，都与人的能动性是否得以充分发挥密切相关。"这些都意在说明一个道理——"以人为本"。在不同的管理价值理念下，高校会采取不同的管理价值取向，由此产生不同的激励手段、评价机制等。从现代企业多年发展的实践经验和经营现象来看，"以人为本"无疑是科研管理思路中最重要的观点之一。组织要想让全体成员在科学研究活动中充分发挥最大限度的积极性，应当舍弃原先以约束为主的管理模式，围绕"激励导向"这一理念开展管理实践，将该原则作为科技工作管理模式和政策制定的着力点。尊重人的全面发展，使组织运行机制充分开发人的积极性与创造力。高校应重新考虑并建构教师在科技创新中的作用，按照鼓励全面发展的原则实施管理活动，全面发挥人力资源的能动作用，深入发掘教师的潜能，关心、培养广大教师，突出其在教育工作中的地位，这样才能使新一代青年教师在科研创新实践中投入高涨的积极性，将自己的全部身心奉献给集体的科研事业。

在高校内部，作为"人"的教师和学生是最积极、最活跃而能动的因素，人的思维动态、行为方向及作用发挥程度等直接决定着高校发展的整体目标的实现。明智的管理者都会知晓："集体即人""集体为人""集体靠人"。所以，要把全体师生作为校园建设的主体，把发挥教师的智慧和才能视为高校生存和发展的力量的重要源泉，本着"以人为本"的管理理念，提高管理绩效。实践证明，提高管理绩效的关键在于运用有效的激励方法，充分调动教师的主动性和积极性，进行创造性的工作。

如果给"激励"下一个定义，就是指激发教师的工作动机，也就是说用各种有效的方法去调动教师的积极性和创造性，使其努力去完成工作任务，实现高校的目标。科学有效的激励途径应该是坚持"以人为本"，一切以人为核心，以人为出发点，尊重人的价值，理解人的需求，承认人的差别。

从人力资源管理的角度来说，激励机制就是将人的主观感受作为激发效率的关键，激励机制是一种运用多种激励手段来激发个体的心理需求、心理动机和实现目标的热情，在这一机制的引导下，所有现存岗位上的职工都会发自内心地投入本职工作，发挥出最大的功效。所以，在人力资源管理系统中，处于核心地位的就是激励机制。其实，从某个程度来看，这正是"以人为本"的管理理念的外在模式，激励机制在调动人的内在潜力这方面能够产生极其关键的作用，它在宏观工作目标的实现过程中就像一个"加油站"，持续地为参与其中的员工注入动力，为高效率运转提供精神保障。

可以说，要提升全体师生的士气，激发他们的竞争能力和研学能力，激励是催生行动力的可靠法宝。国内外许多成功的大企业之所以能够在大风大浪中永驻潮头，很重要的因素就是激励。在竞争愈演愈烈的今天，激励已成为管理的首要职能，是人本管理的核心。高校管理者也必须把激励机制作为驱动教师专心治学、推动企业向前发展的有力武器，用适当的激励措施激发员工的积极性，才能实施计划、组织和控制职能，维持企业的向心力，实现企业的最终目标。

关怀激励法就是通过对教职员工及学生进行关怀、爱护来激发其积极性和创造性的激励方法，它属于情感激励的一种。关怀激励法被管理学家称之为"爱的经济学"，即无需投入资本，只要注入关心、爱护等情感因素，就能获得产出。所以，管理者要学会无微不至地关怀人才。领导层关心支持教师的工作和学生的生活学习，是关怀激励的一个重要的方面。校园领导层要经常与教师与学生谈心，帮助他们克服学习生活中遇到的困难，了解他们的需求和主张，并为他们的学习、工作创造有利的条件。师生在领导者的支持下，就会更有信心、更有热情地投入学研工作，以坚定的态度面对并克服学习和教学中的困难和挑战，顺利完成学习任务、教学任务等。

美国心理学家赫茨伯格认为，外部条件的改善（如工作条件、金钱地位、安全等）虽可以消除人的不满，但未必能使人产生积极行为。只有从人的内部、工作本身（如工作成就、得到社会承认、个人才能得到发挥等）进行激励才能真正调动人的积极性。可见，校园管理层要想真正调动教师与学生的积极性与工作热情，必须在精神激励上下功夫，哪怕是一句赞美、一次认同等任何一个细节，让师生在精神上得到一种满足和鼓励，感受到校园的良好治学氛围。

从管理心理学的相关理论中可以看出，如果一位管理者能够充分发扬民主，给予下属参与决策和管理的机会，那么这个企业的生产、工作、员工情绪、内部凝聚力都能处于最佳状态。在高校的运转结构中，每一个教师和学生都承担着特定的角色，都希望在一个公平、协调、尊重、平等的人际关系中合作发展。因此，管理者应在集中管理的体制原则下体现最大限度的民主，维护和尊重师生的主人翁地位，使师生的积极性得到充分有效的发挥。

激励理论认为，人的思维和行动都具有一定的目的性，设立具体的、振奋人心的、切实可行的目标，可以有效地激发人们的积极性，鼓舞和激励人们提高工作效率。在高校内部，管理者要把组织目标与个人目标有效结合起来，使教师与学生在工作中每时每刻都把自己的行动与学校总体目标紧密联系在一起。

行为激励就是管理层运用科学的、艺术的手段或者措施，激励教师发挥他们的主观能动性和创造性，充满热情、富有责任心地为实现高校办学目标而努力工作。在高校发展建设实践中，要达到集体目标，管理者就必须使团队或组织中的每一个教师或学生在目标上有各自的行为动力，充分调动人的积极性，让师生发挥最大潜能。

在一个有活力的组织内部，处处都存在着竞争，没有竞争就无法生存，没有竞争就没有发展。所以，高校管理层可以考虑给教师和学生都创造一个合理的良性竞争环境，建立健全竞争激励机制，让他们在学习、科研等活动中深刻体会到"适者生存、优胜劣汰"的道理。可以想见，在充满压力的竞争气氛中，没有哪个成员会甘居下游。

反向激励，一般来说，就是当一个人的行为不符合社会的需要时，通过制裁的方式来抑制这种行为，以达到减少或消除这种行为的目的，同时它还包括一些不同于常规的激励方法，比如对一些有价值的失败进行奖励。B.F.斯金纳的强化理论认为，员工会根据自己行为的结果选择行为。如果错误的行为没有产生消极的结果，员工有可能重复同样的行为，这就是"消极强化"。在现实教学工作中，教师和学生都难免出现疏漏和失误，管理者除帮其改正外，还需要考虑给予适当的惩罚和激励。

②构建产学研模式，推动教学成果转化。

一个独立的课题组或者高校是很难真正拥有生产线和实体的，单独做研究容易产生"不贴地"的风险，简单来说，业务课题成果做出来了，但是市场风向已经变了。毕竟市场的风向变化是难以预测又"不讲情面"的。所以，高校等教育单位需要长期的合作伙伴来冲淡这种风险和与之而来的焦虑感，及时调整步伐，这样才能保证研究方向不偏离。

还有一个非常重要的外因，就是我国目前的发展大方向，已经从中国制造转为中国创造，企业需要自主研发和相关知识产权，也就是说，市场是极度渴望高精尖项目的落地并产生一系列连锁反应的。

现象与制度安排其实是分不开的。归根结底，就是两个大问题，一是知识产权归属；二是商业利益分配。产权问题，就像同一块石头交给不同的人，结果可能相差很大，它可能还是石头，也可能被雕琢成玉。利益分配也是这样，分配方式不一样，人们努力的方向也就不一样，要按发表论文的篇数来奖励，那大家就努力发表论文，若按商业转化后的实际收益分成，那人们就会往应用方面下功夫。

我们经常说：既要把饼做大，也要把饼分匀。意思是，先做饼，再分饼，两者相对独立，前者不受后者影响。但事实是相反的，应该是：饼的分法决定了饼的大小，分饼分得科学了，饼才能做大。也就是人对未来的预期，决定他们当下的行为。就像当年的农村改革，就是从土地确权开始的。所有权还归集体，但农民可以承包，收益可以分成，有了参与收益分配的权利，那种地的积极性就提高了。所以，有形的土地确权，释放了巨大的能量，对于无形的知识产权也要确权，才能鼓励创新的能量爆发。

因此，高校和企业互相需要，国家乐见其成甚至用真金白银来鼓励，民族的富强是刚需，该怎么做，应该不言而喻。

产学研的蓝图是好的，宗旨也是好的，同时也是未来发展的大方向，不过，产、学、研三个方面的不确定性很多，比如说，企业首先看重的是盈利，以利益为先，大多数企业需要的是有能力的求职者，能以最快的速度为企业带来利益，而高校出来的实习生以及应届生，大多没有社会经验，同时高精尖的学生也是少之又少，企业所要面临的是从头培养，这需要大量的时间和精力，也可能到最后是竹篮打水一场空，为别人做了嫁衣。

现在不少应届毕业生首先看重的是薪酬，无论从什么样的院校出来，他们也不管自己是否有经验，是否能胜任这个职位，首先看重的是企业能给我多少钱、有没有带薪休假、是否要吃苦等。对于高校实习生来说，他们是以完成学校下发的实习任务为首要，至于能学到什么，并不看重，不少同学也并不看好这个企业，或者是企业所在的城市，所以即便企业用心培养，学生们可能并没有留下来的打算，只是做任务而已。

当前，很多高校无法给学生提供成熟的生产线进行锻炼，只能让其在企业中锻炼，同时，也很难会对学生在企业的实习或者学习阶段进行评估。并且在选择企业的时候，也很难对企业进行评估，因为很多企业把实习生或者应届毕业生看作是廉价的劳动力，可能企业并非想培养，仅仅是刚需，也对其是否能留下未做长远的打算，这样的话，对于学生来说，无法保障其劳动权益。

在产学研中，可能不同地区、不同企业类型（大中小）对于产学研的落实程度是不一样的，各方都存在较大的漏洞需要填补。而产学研的合作也是未来之必要趋势，一方面是高校注重科研，有科研要求，但是没有应用转化要求，而且高校也缺乏建立产业线的需求和精力；另一方面是企业最先重视的是自身的盈利和生产线，且成立一个科研中心付出大、风险高，收获不一定高。因此在此情况下，产学研合作是高校院所成果转化的重要方式之一。高校的研发成果必然是要通过产学研的形式将其用于实践，才能产生其真实价值。

"学研结合"作为独具特色的新思路，指本科生在学习过程中将基础理论知识的建构与科学研究相结合，着重培养学生的"信息搜集能力、提出问题的能力、分析解决问题的能力、写作能力"，从而成为善于思考、有创新精神、能解决实际问题的高素质人才。

具备信息搜集能力是指学生能从各个信息领域（文献、网络、具体工作等）搜集大量的有价值的信息，并将其分类、总结，积累丰富的一手材料，为提出问题做好充分的准备。这就要求要充分调动学生学习的积极性和主动性，克服懒散等不良个性。提出问题的能力指在教师的启发、引导下，根据已有的材料、信息，洞察其中奥妙、寻找问题所在，提出既有研究价值又符合自己兴趣的研究课题。分析、解决问题的能力是指学生能够运用所学知识，以科学的研究方法和严谨的治学态度，探寻问题形成的真正根源、历史背景，提出科学、有效的解决办法。写作能力指学生以论文的形式表达自己的研究成果所需的能力，既包括一般写作的基本要求如语言表达、观点陈述等，还包括深层次的逻辑推理等，同时行文应规范、严整，要与科研论文写作的国际化标准接轨。

在落实"学研结合"时，可从以下几个方面入手：

教学计划的制定体现"学研结合"的办学思路：结合"学研结合"办学思路，修订教学计划，如心理学专业开设心理科研方法、心理测量学、心理与教育统计学、心理实验设计与计算机处理；教育学专业开设教育统计与测量、教育科研方法、心理与教育统计学；教育管理专业开设教育科研方法、教育统计与测量、教育评价与督导等课程；学前教育学专业开设学前教育科研方法、心理与教育统计学等课程。这些课程的设置，旨在使学生掌握基本的研究方法，提高科研能力，为学生在学习中开展专业课题研究及在以后的工作中担负科研任务打下良好的理论基础。

改革教学方法：将教学内容与研究方法紧密结合起来，以"学研结合"为中心进行教学方法的改革。如鲁忠义教授在认知心理学的教学中，注意精讲一些经典的心理学实验，在实验的方法上，着重讲解实验设计、实验程序，让学生了解实验结论是怎么来的；在实验结果上，主要是让学生思考和讨论，如何根据实验数据推论出试验的结论，提高学生分析问题和理论阐释的能力。教授可将自己的研究思路、研究方法介绍给学生，以提高学生的研究能力；在教育社会学的教学中，注意将教学内容与社会学研究方法紧密结合，弥补教科书的不足，收到了良好的效果。

学研结合的运行计划：一年级主要是学会搜集资料，提高信息搜集能力和资料分析能力；二年级和三年级进入实际研究（调查研究、理论研究、实验研究），四年级结合毕业论文作进一步的研究。

"学研结合"的实施方式：实行辅导员与专业教师相结合的方式。辅导员侧重管理（如联系调研单位、组织调研小组）及论文的前期指导，专业教师主要是进行具体的业务指导。

组织开展系列活动，营造良好的学术氛围：组织"精品讲座"，开展"学术月"活动；定期举办"学术月"活动，营造高雅、文明、健康、科技含量高的校园文化，提高整个学院的学术科研氛围；结合专业特点，开展大学生论文竞赛，逐步使广大学生由传统的"知识型"向"研究型"转化。

开放机房、图书馆，组织各专业学生组成调查小组到机关、学校、少管所、社区等进行考察、调研，为学生积累材料、搜集信息开辟绿色通道；指派专业教师对各小组、学生个人进行专门指导，启发学生提出问题；在教师指导下分析问题成因、提出有效的解决办法；聘请有关专家对论文的写作进行专门讲解，按国际通用标准严格要求；组织专家、学者对论文进行评审、指导，对优秀论文结集成册，并向相关学术刊物推荐发表；对学生公开发表的论文予以一定额度的奖励。

建设高校科技产业化基地，协助科研成果转化和技术转让等工作，结合学校优势学科方向，选取有潜力的科研成果，推进其产业化进程，使科技园成为技术创新基地、高新技术企业孵化基地、创新创业人才聚焦和培育基地、产学研结合示范基地。

（四）财务绩效与师资管理制度优化创新

1. 我国高校师资管理制度的现状

（1）人才引进制度。

由于高等教育师资人才具有天然的稀缺性，高校师资供给与需求格局存有较大的竞争性，教育水平、科研能力和学科建设对人才也有较高的倚重，因而我国高校普遍重视人才引进工作，特别是高层次人才的引进力度逐渐加大。我国高校大多有专门的人才引进规章、方法和措施，旨在通过恰当的人才引进促进师资队伍，满足教学要求，提升科研能力，促进师资结构优化。总体而言，这些人才引进制度具有几个方面的共性特征：①人才层次与引进待遇挂钩。目前我国高校人才引进的对象主要是应届毕业生，高校间的流动人员、具有相关专业能力和社会工作经验的非教师专业人员三大类，各高校往往都会根据人才层次和类型制定详细的与层级相对应的待遇条件。如某高校将引进人才确定为五个不同层次，每一层次的引进人才对应不同的待遇，最高层次为院士或相当于院士水平的教授，最低层次为博士毕业人员，每个层次人才入校时可在科研启动经费、安家费、津贴、科研设施、住房等方面享受等级化的福利待遇，其中甚至包括家属就业等附加待遇。②人才判定指标化、定向化。多数院校都会根据职称学历、支持计划等硬性标准对拟引进人才进行归类引进。各类引进人才标准实行就近归靠的原则，往往选取在不同层次、不同学科领域有重要参考价值的称谓等作为判定标准，如一些院校将"长江学者""千人计划"等支持计划获得者作为人才层次判定的基本依据。③专款专用。我国多数高校都十分重视引进人才经费的保障和落实，多根据历年人才引进状况和预期进行人才引进经费的专项拨款。在具体给付方式上，根据学校要求实行学校统收统支和院系包干拨付两种基本形式。

（2）薪酬管理制度。

薪酬是调动人员积极性的最直接手段。但是，脱胎于计划经济体制的高校管理系统长期以来并没有十分有效地利用好薪酬这一手段，存在重考核、轻激励的问题，致使许多旨在克服高校系统工作积极性不高、人浮于事的措施失效或沦为变相的约束。教育部于 1979 年就颁布了《关于高校教师职责及考核的暂行规定》，要求对高校教师进行考核，考核内容主要包括政治表现、业务水平、工作成绩三个方面。但由于考核结果无法与薪酬制度调整并进，最终不能体现到有差别的薪酬激励上，考核最终也往往流于形式。随着市场经济体制改革的加速推进，国家和社会认识到薪酬激励的重要性，开始在事业单位实行考核与薪酬待遇挂钩的薪酬制度试点。国家教委于 1985 年下达了关于《普通高校人员编制试行办法》的通知，要求对各类人员都要建立和健全培养、考核、奖励制度，学校要对教师进行定期或不定期的考核，考核结果作为提职调薪、奖惩和能否续聘或继续任职的依据。2006 年，在第三次全国性的高校教师工资制度改革阶段，实行绩效工资制度提上了议事日程。2010 年起，教育部开始在全国各高校推广实施绩效工资改革，将除岗位工资、薪级工资以外的其他各类工资项目合并为绩效工资。绩效工资改革实际上对各类名目繁多的津贴补贴进行了清理，对工作业绩的考核指标进行了进一步明确，从而将师资薪酬水平与工作业绩挂钩。但总体而言，我国高校绩效工资制实施时间不长，且许多地方仍处于细化落实阶段，对适合高校师资队伍性质的绩效考核指标体系尚没有一个统行的标准依据，因而以绩效工资为主体的高校薪酬管理是否能达到预期目标仍有待观察。

2. 高校师资管理制度中存在的主要问题

（1）人才引进制度中的主要问题。

概括起来，我国高校人才引进制度的不足之处主要表现为：

①重引轻育，资金投入的边际收益衰减过快。边际收益指的是每增加一个单位投入所能形成的增量产出。高校在人才引进之初进行了大规模的经费投入，而引进后的有计划的培养则可以使前期投入获得几何倍数的人力资源收益，这一点已经得到人力资源开发理论的证实。重视人才、强化人才输入，是优化师资结构的重要手段，但其最终目标还要落实到工作绩效的提升上。而一些高校过分关注吸引人才的优惠程度，做了超常规的投入。"这些投入有的是显性的，如付出的时间和精力、提供的资金和住房等；还有许多是隐性的，如校内师生长期奋斗铸就的学校声誉和地位，学科、科研、教学工作的现有平台，在校职工物质利益的相对损失和心理不平衡等。"而引进后如何有效发挥高层次人才的作用却被忽视了，人才资源闲置或潜在价值难以有效发挥的现象都不同程度地存在。根本原因就在于，对人才引进后如何充分发挥其作用和潜能的配套措施设计不够，管理制度不完善，岗位及职责不十分明确。近年来，各高校不断加大了对青年教师的引

进力度，但却没有辅之以相应的进修培训计划，也缺乏必要的职业规划，导致青年师资后继发展能力和空间不足。

②重学历轻能力，人才引进成本与收益的关联性不明确。高等教育的发展规律决定了高校教师职业的特殊性。高水平教师的教学水平和科研能力不仅受到其专业知识、创新能力以及协作精神的制约，也取决于他是否拥有良好的政治素质、职业道德以及高度敬业的责任心，反映出高校师资队伍学术性与自主性相结合的特点。一些高校却存在将人才工程简单化的倾向，认识上存在偏差，主要表现为：其一，过分看重学历职称，对人才现有能力和潜力缺乏认真的评价，难免出现以学历卡人、论职称用人的片面现象；其二，过分依赖科研成果来衡量人，忽视对科研成果质量的专家评价和职业道德的综合观察；其三，一定程度上存在出身歧视，对重点院校毕业或高等学校人才引进的途径呈现较强的多元化，依靠老师、同学、亲朋等"熟人效应"获得职位者占引进人才总数的相当比例。

（2）岗位设置管理制度中的主要问题。

我国高校师资岗位设置管理是在国家推行事业单位改革的大背景下进行的，基本启用的国家关于事业单位改革的相关规定和意见，虽然有不少院校在实践中不断探索具体的岗位设置管理措施，但总体而言，仍缺少对高等教育事业固有属性的关照，缺少对高校师资队伍职业特征的全面把握，因而也存在不少问题。

①"按需设岗"原则难以落到实处。

师资队伍建设包括两个方面的基本内容，一是科学设置专业技术岗位，二是形成合理的职务结构。自2007年起，各地都在教育部《高等学校的指导意见》的大框架下，陆续制定本地区高等学校岗位设置管理实施细则。但是总体来看，在岗位设置方面，特别是专业技术岗位设置中存在很多问题，设置不科学、不合理，因人设岗的情况仍然存在，同时许多高校管理者和专业技术人员的观念没有得到根本转变，相关的配套措施也不完善。一方面，存在岗位设置上重应用学科、轻基础学科，重新兴学科、轻传统学科的现象。目前，我国高校的专业技术岗位设置大多是根据学科建设和教学科研任务，按照比例进行设置的，这就导致一些有市场需求的、学生基数大的应用学科和新兴学科比传统学科、基础学科在岗位规模上更有优势，使得传统学科和基础学科即使在人才层次上占有显著地位，也无法进一步拓展师资队伍结构，最终走向师资结构的老化。另一方面，根据教育部要求，为体现教师为主的原则，其他系列高级专业技术职务岗位比例原则上不得超过教师以外专业技术高级职务。在高校管理体制没有得到全面理顺，配套措施尚需持续跟进的大环境下，如何妥善处理管理岗位与专业技术岗位之间的关系恐怕不能简单地以比例画线的方式进行处理，于实践中也难免缺乏可操作性。

②"编制管理"与岗位设置相脱节。

目前，我国事业单位机构和人员编制实行总额控制的原则，其目的就在于通过编制管理控制组织规模的盲目膨胀，而岗位设置则要求根据实际工作需要进行工作单位的结构化。但在实施过程中，二者之间存在冲突，特别是编制限制与岗位调整的需求间矛盾突出。目前大部分高校均处于缺编状态，这种现象严重地影响了人才资源的引进及流动。随着高等教育事业的大发展，目前我国高校教师的年龄结构趋于年轻化，而从创造性思维活跃程度和创新性科研成果来看，中青年教师在教学科研方面承担着越来越重要的角色和作用。由于职称晋升的指标核定以编制数量为依据，许多高校符合晋升条件的教师人数与编制比例存在明显"打架"，这不仅影响了个人的发展，更重要的是在人员士气上形成了负面影响，在编制稀缺的大前提下，由于"拔了萝卜才有坑"的累积效应，难免积压一批中青年教师，打击了他们工作的热情，也不利于师资队伍的团结稳定，一定程度上存在激化竞争冲突的风险。

③薪酬水平总体不高，个体投入收益比偏低。

从国际上广为使用的标准来看，衡量高校师资工资水平还必须考虑平均工资（收入／平均教育年限）这个重要参考依据。原因就在于，作为需要长期知识积累和持续学习的职业，高校人力资本投资收益率比其他行业更需要一个长期的观察。加上我国现行退休制度，就意味着高校教师要接受比其他行业从业人员长得多的受教育时间和人力资本开发投入，而其工作年限又相比要短，其实际收益时长也大打折扣，此类人群的总体工资收益要低于各行业平均水平。这种局面，一方面造成人才行业间流动的倾向性，使高校师资资源出现总体流失的现象；另一方面也不利于高质量教学科研活动的开展。

④绩效工资的激励效果不显著。

高校绩效工资制度由于实施时间不长，相关制度设计也仍处于探索完善的过程中，其制度绩效本身也还远没有达到理想目标。各地高校在实施绩效工资制改革过程中也存在意愿模糊、理解有误的现象，主要表现为：第一，许多高校在推行绩效工资制度的过程中仍然沿用过去的收入分配模式，存在传统薪酬与新式薪酬并行的问题。这在一定程度上形成了绩效工资和校内津贴同时存在的双轨模式，绩效工资对师资工作积极性的激励作用大打折扣，实际上成为变相的涨工资手段。第二，绩效薪酬往往与物质激励挂钩，精神激励的效果几乎不能有效发挥，业务导向性也不十分明显。第三，绩效评定存在重资历、轻能力，重岗位、轻贡献的现象。一定程度上来讲，当前绩效工资制度的运行仍属于身份工资的类型，青年师资和有发展潜力的师资队伍对未来收入的预期不足或缺乏稳定感，最终造成绩效工资制度激励功能的缺失。

3. 财务绩效视角下高校师资管理制度的优化路径

（1）全面统筹人才引进，加强后继管理工作。

在树立以服务吸引人、以服务激励人的大原则之后，高校人才引进必须着力创新人才管理手段，完善配置制度建构，促进人才引进的投入与实际产出之间的有效衔接，力求以最小的投入换取教学科研工作的规模效益最大化。

①加强人才引进工作的计划性与针对性。

高校人才引进要有计划性，首先是要做到人才引进服务于学科发展的整体性。整体性就意味着高校人才引进要以教学科研工作的整体发展为最终出发点和落脚点，在制定科学合理的学科规划的基础上，处理好学科发展与人才需求之间的关系，统筹匹配专业人才的配置，适时调整人才队伍的知识结构、学历结构、职称结构等，促进新进人才和现有队伍的优化整合，促进形成高校学科建设的整体合力。其次，是要做到人才引进的前瞻性。高校人才引进要结合好短、中、长期计划，有预见性地引进战略人才，有目标地引进急需人才，有重点地培养后备人才，促进人才队伍新老更新的持续性，切忌违背学校建设和发展规律，盲目引进和不切实际地求尖求高。最后，人才引进工作要做到有针对性。这就要求高校人才引进根据师资岗位，有差别地引进岗位需求人才。

②加强高校绩效文化建设。

绩效文化是绩效管理的核心层内容，也是绩效工资制度得以发挥作用的深层次推动力。从伦理维度来考量，加强高校绩效文化建设就是要变教职人员的被动行为为主动行为，由依靠组织约束向依靠人员个体的内心力量转变。加强高校绩效文化建设对提升人才引进工作的效果有直接帮助，一方面，绩效文化对人才有天然的吸引作用，促进引进人才尽早融入团队，特定的绩效文化本身也构成一道筛选网，将符合组织需要的师资人才过滤到特定的工作岗位上去。另一方面，特定的绩效文化可以塑造人才的绩效意识和观念，促进人才创造性地从事相应工作，形成内生的团队力量。

③完善人才储备和使用制度。

人才引进不能仅仅着眼于短期的查缺补漏，更要注重师资队伍的可持续更新和提升，因此人才引进的一项重要使命就是做好人才储备。首先，要树立正确的人才储备观。人才储备不是圈地运动，是要通过恰当的发展阶梯，为人才崭露头角提供机会。要重视人才成长的积累性，为各类人才成长创造成长空间，提供进步便利。不能急功近利，将短时间内能带来指标增长的人才视为唯一人才，还要注重年轻人员的成长进步。其次，人才储备的关键是培养接班人，在有条件的地方，可严格选拔一批有潜力、敢创新的中青年骨干教师，鼓励他们朝学科带头人、拔尖人才方向努力，通过加大交流、深造投入，让人才不断吸收新知识，学习新技能。最后，人才储备与使用的保障是培训。通过有计划、有步骤地进行目标培训，实行动态管理，使之成为学校发展的中坚力量。这就要求学校不断加大人才培训的投入力度，通过外部培训和内部培训，为各类人才发展提供多样化的渠道。

（2）优化岗位设置，激发活力。

高校人事制度改革的首要任务是建立以全员聘任制为基础的用人制度，探索适合高校特点的科学的管理办法和运行制度。推行全员聘任制重点是要把握好几个关键要素。

①把握聘任制度的基本原则。

一是坚持平等自愿原则。聘任工作的开展，应建立在双方自愿、协商一致的基础上，签订相应的聘任协议。

二是坚持公开平等原则。聘任条件在同等条件下应平等对待，本着以人为本，不能有差别待遇；聘任条件和程序要公开，做到公开透明。

三是要坚持竞争择优的原则。在聘任过程中，要优化岗位设置，以岗选人，提高绩效，做到合适的人到合适的岗位，营造人尽其才、才尽其用的用人环境。

②把握推进全员聘任制的核心环节。

全员聘任制在实施中必须把握好几个核心环节：第一，岗位设置是基础。岗位设置的主要目的是推行以"按需设岗、竞聘上岗、按岗聘用、合同管理"为主要特点的全员岗位聘任制，推进学校收入分配制度改革，在用人方面，实现由身份管理向岗位管理的转变；在分配方面，实现从传统的分配模式向以岗定薪、岗变薪变的分配模式转变。第二，激励约束是关键。有效的激励约束制度的建立是人事制度改革的关键，也是聘任制实施效果的保障。这个过程要与科学设岗相结合，要向教学科研一线倾斜，要与教师个人的工作绩效相结合，从而建立起充满生机与活力的用人制度。所以，充分发挥分配杠杆导向和激励作用，建立业绩导向型的分配模式，调动教职工的工作积极性和创造性，核心是要建立一套体系和一个制度，一套体系指建立科学合理的业绩评价指标体系，一个制度就是要建立严格的业绩考核制度。第三，聘后管理是核心，管理是关键。管理不仅出生产力，而且决定学校的生存和发展。所以，聘后管理尤为关键，要进一步完善聘后考核制度，对照各类上岗人员的岗位目标，坚持考核工作业绩与考核工作态度相统一，对受聘人员实行年度考核和聘期考核。把考核结果作为续聘、解聘、增资、晋级、奖惩的主要依据。第四，规范解聘、辞聘制度是保障。解聘辞聘制度的建立应坚持法制化的原则。高校可按聘用合同解聘职工，职工也可按聘用合同辞聘。通过建立规范化的解聘辞聘制度，疏通高校人员出口渠道，增强用人制度的灵活性。

（3）加快分配制度创新，体现高校师资特性。

结合全国事业单位调整改革的契机和高等教育的基本要求，统筹考虑高校师资队伍的整体特征，积极推进绩效工资制度更加公平化、科学化。

①践行科学发展观，强化沟通，构建科学、民主的绩效考评机制。

高校引入绩效评价机制的目的主要有二：一是通过恰当的激励竞争机制，塑造创新向上、真干实干的师资团队，二是能通过一定的发展渠道，使师资人员能够通过努力实现人生价值和理想目标，获得稳定的心理预期，使师资队伍的正当劳动得到公正的认可。因此，实行绩效评价机制要做到评价体系的科学化和民主化。科学化要求绩效评价体系在指标选择、问题领域、层级结构等诸多方面要具有客观性，能够真实反映高校师资活动的实际工作状态，不可不切实际地乱制定，必须要有充分的数据支持和事实依据，要经得起推敲，能够获得专家、同行和相关业内机构的认可和接受。所谓民主化就要求绩效评价体系的建立能够反映师资活动所面临的真实问题，了解师资队伍真实的工作体验，以参与性的经验知识作为建构评价体系的基本依据。这就意味着，绩效评价体系要结合具体情况，与广大师资人员进行充分的双向交流，及时吸纳合理的建议，不断进行修正。

②建构个人与团队联动考评的绩效评价机制。

如此，一方面可以促进绩效评价系统的科学化水平，另一方面也可以获得广大师资队伍的认可和接受，避免执行过程中的各种阻滞因素。同时，通过广泛的参与过程，也可以帮助师资队伍准确理解绩效评价的意图和实质，起到潜在的宣传动员作用。

③推进管理创新在经费配置和绩效评估中的应用。

队伍建设和薪酬制度改革，在财务绩效考察中，主要从如下环节分析：一是为了保持结构合理、水平较高的师资队伍，在财务经费配置模型中，为防止院（系）经费分级管理后可能会对人才引进带来负面影响，采取的措施有两条：用生师比和学生规模调节系数，督促院（系）引进高层次人才；学校继续保留引进人才经费，年底根据实际人才引进情况，按相关管理办法把经费划拨各院（系），专款专用。二是由院（系）根据考核情况，从院（系）经费中支付绩效薪酬。一方面，促使院（系）加强对教师的管理和考核，根据教师的教学和科研情况，按绩定酬，优化劳动分配，推动薪酬体系由重资历向重绩效的转变。另一方面，通过绩效薪酬调动教师的主动性和创造性。三是通过推行和完善以岗位为基础的聘任制，建立人才队伍建设轮岗、转岗代替下岗，优化人力资源配置，提高配置绩效。

第二节 高校财务的供给侧改革

《国家中长期教育改革和发展规划纲要（2010—2020）》指出，我国教育还不完全适应国家经济社会发展和人民群众接受良好教育的要求。由于我国的现代化高等教育起步较晚，在高等教育的质量和等级上与发达国家还存在差距，因此我们有必要对高等教育开展供给方面的侧面改革（以下简称供给侧改革），以期能够提高我国高等教育的水平，满足人们日益增长的对高等科学知识的渴求。

一、供给侧改革概述

（一）"供给侧结构性改革"问题的提出

2015 年 11 月 10 日，在中央财经领导小组会议上，习近平同志正式提出了关于供给侧结构的改革问题。同年 11 月 18 日，在 APEC 会议上习近平同志又重申了供给侧结构性的改革，其中心思想就是要进行世界经济方面的深层次探讨，针对经济结构性的改革要采取一系列的措施，例如进行货币刺激政策的实施，使得供给体系可以适应供需结构的改变。2015 年 12 月 22 日，中央经济工作会议上重点讨论了供给侧结构性改革的问题。《中央经济工作会议（2016）》重点指出，要形成新的改革发展的理念，与时俱进，将供给侧结构性的改革作为主题，制定相应的政策支持，引导经济朝着高质量、高效率、公平、可持续发展的方向进行，这也是引导我国进行经济建设持续良好、健康发展的有效途径。2015 年 11 月 18 日，中央财经领导小组办公室的副主任杨伟民同志在财经年会上曾提出了中央"十三五"规划建议的本质就是要进行供给侧结构的改革性问题。

（二）供给侧改革的内涵

1. 供给侧改革的原因

中新网的记者曾经报道我国关于供给侧改革的相关政策，在中央财经领导小组进行的会议上习近平同志就加强供给侧结构的改革问题进行了深入分析，为了促进经济的稳定、高速增长，对中国的经济实行供给侧结构的改革是现如今工作中的重点。美国也曾关注中国的经济政策和经济发展动向，供给侧结构的改革也被美国媒体所报道。中国经济供给侧改革这一命题的提出就是要求改革要面向现代化的经济走势，解放生产力，鼓励和促进经济上的良性竞争，要从供给和生产方面入手，对于那些落后的产能要进行淘汰，对企业当中的"蛀虫"进行清理。将发展的方向和动力依附在新兴企业、创新领域方面。就拿苹果手机在中国的热销这一典型例子来说，中国对于高科技产品和对新鲜事物的追求促成了美国苹果手机的热销，这就给了我们很好的发展契机，中国的国产手机也纷纷跟进生产，并且不断创新，在价格、性能、使用寿命、便捷程度方面，我国的国产手机品牌也迎头并进，比、拼、赶、超的政策制定使中国的国产手机可以转变市场行情，令中国的消费者有了更多选择的同时也使手机行业更加合理、科学、智能、新潮，国产手机逐渐地受到了消费者的青睐，甚至远销世界各地。中国国产品牌的崛起和人们对于日常生活用品的需求紧密相关，在同样质量的商品上，人们购买国货的热情已经不像从前那样受到国外品牌的干扰，人们更喜欢性价比高、物美价廉的国产品牌。这些成绩的取得、人们思想观念的转变都要归功于供给侧结构性改革的进行。正是我国制定了符合国计民生的实打实落地的方针政策，才使得人们不再愿意花费高昂的费用购买进口商品，人们更倾向于使用国产的商品，这也是支持国货、爱国的表现。

2. 供给侧结构性改革的目的

供给侧结构性改革的目的是满足人们日益增长的物质需求，为了加深供给侧结构的改革成效，一定要从根本上采取措施，针对市场的变化情况和当地的实际消费能力、消费水平进行供给质量上的提高。在改革的过程中我们要深入地研究、分析市场行情和经济活动的走向，理解人们的真正生活需求和物质文化方面的需要。对于供给的策略要进行合理的规范，保障供给的有效性，针对无效的供给和浪费行为给予制止，改革供给过程和步骤，对供给节奏的把握也要考察当地的实际情况进行针对性的方针的制定。在深化供给侧结构性的改革之后，要对市场进行合理的资源配置，建立健全的经济制度的体制和机制，打破传统的思想壁垒，反对经济垄断，健全市场的运行机制，正确引导资源的优化配置。

3. 供给侧结构性改革的本质

搞好供给侧结构性的改革就是要先弄清楚供给侧结构性改革的本质，对于这样一场经济层面上的革命，需要我们端正态度，想方设法地进行经济结构的调整，提高供给的质量和水平，营造内生动力，创建适合改革的内外部经济环境。将供给侧结构进行全面、深入的改革，要坚定改革的信心，树立正确的变革的观念，从提高我国的整体经济实力出发，为经济侧结构的改革进行准确的方针制定，充分发挥经济制度带来的优势。

供给侧结构的改革和需求侧结构的改革是相辅相成、相互依存的关系。供给侧结构的改革更倾向于对多年积累的问题的一种综合的矫正，也是对生产要素的更深层次的挖掘，可以使生产要素得到充分利用，供给侧结构的改革和需求侧结构的改革都是要在发展中达到更高的层次和水平，这两者之间也是要在发展中获得平衡和相互促进的。

4.中国特色的供给侧改革理论的基本点

（1）从马克思主义唯物论的观念出发，对中国特色的供给侧改革提供经济理论性的指导，借鉴国外发达国家的经济建设理论，依据供给和需求两者之间的关系，进行依据国情制定的经验教训总结，并且制定符合我国发展的经济体制。在中国特色社会主义建设的前提下进行经济理论与实践上的创新，科技引领生活，带动经济发展，通过对社会各个层面进行制度、科学、文化等的创新，鼓励针对中国当前国情进行经济供给侧改革提出合理化建议，不断完善中国特色的供给侧改革的理论。

（2）从经济学理论基础上看待供给和需求的关系。供给和需求不是绝对的一成不变。供不应求或者是供过于求都是在一定的经济环境下发生的。在供求关系中我们要认识到其是一种动态的平衡的过程。在供给和需求两者之间一定要建立起一种平衡，即杠杆原理，用辩证统一的思维方式看待供求关系。供给侧改革就是在供不应求或供过于求的一种不平衡状态下进行的合理改革，目的是建立一种正常的经济秩序，使供给和需求能够平衡和谐，对于供求关系中的无效、低端的供给要进行避免和减少，对有效、高端的供给给予支持和扩大，要增加供给关系当中的灵活性和适应性，使供给和需求向着健康、合理、平衡的方向发展。

（3）供给侧结构的改革就是要达到提高供给质量的目的。供给质量提高了才可以满足生产的需要，满足人民日益增长的物质需求。在进行思想观念、管理方式、政策制定、效率提高等方面改革上要考虑供给结构和需求结构的适应性关系，全面谋划，合理分配，稳定布局，达到最终提高供给质量的目的。

（4）供给侧结构的改革就是要达到可持续发展的目的，在进行制度制定和政策支持上一定要面对实际，具体问题具体分析，合理把控，人性化地管理，对于改革中遇到的问题和决定问题的方式一定要灵活，创新改革手段，对改革中的问题要认真对待，认清改革的目标，明晰最终要达到的目的，进行可持续发展性的规划。

（5）供给侧改革要关注大众的需求。其需求可以从三个方面进行分析。其一，供给侧改革是建立在需求的基础上进行的，就是要适当地扩大需求，通过需求带动改革，对于新的需求要进行积极面对，鼓励人们大众对需求的认可。其二，供给侧改革就是要供给和需求进行同时改革，对于需求和供给两手都要抓，并且能够通过改革达到供给和需求的一种动态平衡。其三，供给和需求是需要提倡创新精神的融入，也是对人们日益提高的生活水平的一种反映，创造新的供给和需求关系，健全供给和需求的改革方案。

（6）在供给侧结构性改革的过程中要结合中国的国情和实际生产情况。中国地大物博，在众多的地区存在着不平衡的经济发展情况，因此在进行改革时一定注重当地的经济分配，根据当地人们的生活状态，对不同的时间节点、不同的产业分配等实际情况进行经济主要矛盾的分析，抓住重点，在供给侧改革和需求侧改革的过程中分清主次，确定两者之间的关系，要以动态、发展的眼光看待改革中的问题，要结合中国的经济特色，建设具有理论与实践相结合的改革活动，制定符合中国国情的供给侧改革的理论制度。

（7）正确处理政府和市场之间的管理关系，使政府的制度建立和市场的协调配合相一致，经济体制的改革要全面进行，其核心问题就是要处理好政府和市场这两只把握经济方向的"手"的配合。在政府的职责范围内要进行宏观的经济调控，加强社会公共服务，保证经济秩序正常运行，还要维护好市场的良性运作，保证公平正义，市场机制就是比较被动，在政府的参与管理下市场能够更好地发挥自身的经济管理作用，充分发挥市场的经济运行模式，健全市场经济的资源配置方式，弥补市场管理当中的漏洞。

二、高等教育供给侧改革的主要内容

2015 年中央经济工作会议指出：结构性改革主要是抓好去产能、去库存、去杠杆、降成本、补短板五大任务。高等教育当中存在的经济活动会出现"三去一降一补"的现象[①]，由于高等教育不同于经济部门，其"三去两降一补"就可以解释为去行政化、去编制、去产能、降失业率、降成本、补短板。

（一）去行政化

1. 去行政化的内涵

我国在全面深化改革方面制定了明确的方针政策。在事业单位的改革方向上，要加大政府的公共服务的力度，推动公办事业和主管部门的去行政化，逐步取消

---

① 贾康. 三去一降一补侧重供给管理 [J]. 经济，2016（22）：9.

学校、科研院校、医院等事业单位的行政级别，进行事业单位法人代理管理制度。这种政策上的支持就是要明确改革的方向，针对"去行政化"就是要将事业单位进行内部管理结构上的变革，将"去行政化"作为一种事业单位改革的有效措施，首先就是要求我们对于事业单位进行分类，具体的划分可以有利于事业单位内部的管理，也是对于"编制"这个一直困扰的问题的一种解决方式。

"去行政化"就是要逐渐取消事业单位的行政级别。高校的行政化主要可以从两个方面进行讨论。第一，高校的管理是在政府的督导下进行的，这也就是政府对学校有着行政化的管理的权力。第二，学校内部也有着自己的行政化的管理方式。在20世纪90年代时政府就曾经做出过相应的解释，在政府和学校的关系层面上，要建立政事分开的管理制度，明确高校的权利和义务，促进和鼓励高校自主办学，使高校成为面向社会的法人实体。政府在针对高校的管理上要简政放权，转变职能，通过对学校的宏观把握进行调控管理，将管理的具体实施交由学校独立完成。

2010年之后，政府就针对高校的管理进行改革，主要体现在"去行政化"方面，这也是政府在高校管理方面简政放权的最好体现。对高校的行政审批过程和权力都进行了下放，积极推动《高等学校章程》的制定。

正确对待高校和政府之间的关系，明确高校和政府各自的职责，立法能够分清高校和政府之间的管理权力边界，规范政府的行政管理权限，对学校要进行宏观管理，学校要履行《高等学校章程》，积极主动地开展高校内部的各项管理工作。

高校的去行政化就是为了完善高校的治理水平，划分清楚政府和高校的管理范围，高校去行政化要厘清问题的程度，政府不是完全放手，高校也不能取消全部的行政管理，而是要通过去行政化的方式针对高校进行科学、高效、良好的行政管理，是为科研、创新服务提供一个更宽松的发展空间。

2.去行政化与供给侧改革的关系

学校要积极主动地发挥自身的主观能动性，这就需要学校首先要有非常强烈的责任心，以学校为主体进行的经济建设就需要学校进行自我检查、自我监督、自我约束。我国的高等教育法中明确了高校拥有的办学自主权力，《高等学校章程》也明文规定了办学自主。行政化的缺点就在于影响了高等教育适应社会、适应市场的需求，也限制了高校适应高等教育发展的积极主动性，对于高等教育来说行政化是一种政策管理上的束缚，因此我们要对高校的管理进行去行政化的处理，同时也是经济供给侧改革的需要。去行政化就是要将政府、高校当中无关紧要的、低端的、落后的、无效的行政供给关系进行一场深刻的变革，对于具有巨大科研潜能的项目给予重点关注和支持，释放高校教学管理的职能，加强高校的自主管理水平，随着市场、社会、人们需求的变化而采取相应灵活的变化，保证科研的创新精神和勇于探索的实践行动，人们日益增长的对于人才的渴求就是高等教育发展的方向，满足社会对于高端人才的需求。

（二）去编制

去编制的主要工作有以下五个方面：

（1）高校仍然属于事业单位，分类为"公益二类事业单位"。

（2）实施机构编制备案。高校要根据自身的发展情况进行自主招聘，只需要向上级主管部门进行报送备案就可以了。这样就可以减少审批流程，将审批和备案进行了结合。

（3）以2012年作为时间节点，针对之前的编内人员进行统计，随着时间的推移编制的名额会随着人员的退休和减少而变动，新招聘的工作人员不再发放编制名额，这种行为可以持续一段时间，就会逐步取消事业单位的编制管理，最终达到全体人员的合同制。

（4）允许高校设置流动岗位，这样可以有效地吸引社会上的高等科技人才进行兼职授课，吸引具有实践经验的企业家和科学家前来学校传授经验。

（5）以高校的预算管理来代替编制管理。这种改革的优势在于资金可以充分利用，并且能够改变现有的资金管理模式，建立绩效为标准的经济导向，为了满足社会服务的需求和科学成果的转换，将绩效考核和收入结合，这样可以使高校的资金得到最大限度的使用，也是学校自主管理的体现。

（三）去产能

面对我国高等教育资源不足、高校优质学生的生源不足的情况，需要对高校进行教育供给侧改革，这也是为了提高高等教育的教学质量，使我国的高等教育并不单单停留在劳务输出的程度上。积极面对高校发展中存在的问题就是要从高等教育的质量抓起，针对学生进行个性培养和多元化的发展，高等学校要积极改进，主动改革，争取办一所有特色的高等学府。高等学校的供给侧改革就是要针对市场需求、人才供需等方面进行深入的探索，提高高等教育的整体实力，解决人才供需方面的无效供给和低端输出，解决人才供需结构方面的产能过剩问题，实现人们满意的教育目标。

（四）降低失业率

大学毕业生就业率低的原因可以从三个方面进行考虑：第一，经济原因导致的经济结构不平衡，就业岗位不足；第二，教育原因，教育结构不合理，与社会需求脱节，高校毕业生成了低端供给和无效供给；第三，学生本身的问题，针对自身认识和社会发展水平存在不切实际的幻想，择业观出现严重的偏差，最终导致就业难，就业率低。

党和政府十分重视大学生的就业问题，国务院提出"就业质量"的要求。2014 年 5 月 9 日，《国务院办公厅关于做好 2014 年全国普通高等学校毕业生就业创业工作的通知》（国办发〔2014〕122 号）规定："各高校自 2014 年起要发布高校毕业生就业质量年度报告。"我们呼吁精准就业，提高就业质量。

（五）降低成本

随着高等教育的普及，就需要我们特别关注高等教育的质量和水平问题。不能在追求数量的同时牺牲质量，也就是说要做到培养优质人才，满足社会的所需，对于高校的课程设置和学生管理方面，高校要特别注意加强管理严格要求，对于那些不良的行为要及时制止。高校要供给优质教育资源，必须在提高高等教育质量上狠下功夫。提高高等教育的质量就是减少低端和无效的教育产能。低端和无效的教育产能不仅浪费了当年教育投入（财政拨款和学费等）的教育资源，而且浪费了高校教职员工的人力资源和校舍、设备等物力资源，还损坏了学校声誉等无形资产，因此，提高高等教育的质量就是宏观上降低学校的培养成本。

（六）补齐短板

高等教育中存在数量和质量方面的矛盾问题，在数量和质量上，我们的高等教育质量就是短板，要进行质量上的提高，在公办和民办之间，民办高校是短板，需要加强管理和监督。

一方面是相当一批专业人才因非国民经济和社会发展的需要而待业，另一方面却有一批专业人才因国民经济和社会发展的急需而短缺。这反映了我国高等教育的产能是结构性过剩，学校要进行供给侧改革就是要在适应经济建设和社会发展的基础上办好人民满意的教育，将关乎国计民生的教育问题摆在改革的重要位置，为了满足社会对于优质教育资源的需求，要进行积极主动的变革，这种变革就是要以改变高校的供给侧结构性改革为出发点，准确研究经济型社会发展的需要和市场对人才的要求，提高教育质量。社会需要什么样的人才，那么高校就培养什么样的人才，对口招生，对口就业，主动进行专业设置和生源质量的提高，办人民满意的学校。这也是高等教育进行供给侧改革、促进教育实力的提升、长期发展的重要任务和使命。

三、高校财务供给侧改革的主要内容

（一）高校财务供给侧改革需要有效的制度保障

《中央经济工作会议（2016）》指出：既补发展短板也补制度短板。相关学者认为，高校财务供给侧改革需要的有效制度有：《教育投入法》的制定；《事业单位会计准则——基本准则》和《事业单位会计准则——具体准则》的制定；将权责发生制综合财务报告制度引入《事业单位会计准则》和《高等学校会计制度》，实现高校财务会计与高校预算会计适度分离；将建立跨年度预算平衡机制引入《事业单位财务规则》和《高等学校财务制度》；将"预算执行效率"指标引入《事业单位财务规则》"事业单位财务分析指标"；改革并完善高校收费制度；修订科研经费制度；建立与高校治理现代化相适应的财务管理体制等。

（二）公办高校财政拨款的供给侧改革

无论是"双一流"大学还是普通高校，出于公平性的考虑，财政生均拨款标准（都可以算作"基本支出"）应该是一致的；不过，在"项目支出"方面，为了确保办学效率性，财政拨款应体现差别，侧重帮助一些层级更高或承担国家专项项目的高校。

（三）公办高校学费的供给侧改革

出于效率性的考虑，高校学费标准应考虑高校与学科的排名、受高等教育的层次等差别性因素。乔春华教授建议高校学费在实行全国统一收费标准的基础上，同时实行高收费、高资助的政策，提高家庭经济困难学生的资助比例和奖助学金的资助范围与额度，对脱贫后家庭经济困难学生的资助体系也进行了探索。

第三节　大数据支持下的高校财务管理平台建设

一、高校财务大数据平台建设

面对数字经济带来的一系列新的生产流程、管理模式改革，高校作为相对特殊的事业单位，其财务工作升级换代势在必行。无论从业务领域还是管理方面来看，高校财务"大数据平台"无疑是突破新时代下财务管理困局的最佳途径。"大数据平台"建设不仅需要财务管理部门的实施与运维，更需依托高校各职能部门教学单位的通力协作。这将是一项庞大而复杂的工程，机遇和挑战并存。

高校财务"大数据平台"的建设，将倾力整合全校发展资源，打造集数据采集、数据处理、监测管理、预警应急、可视化于一体的大数据平台。以信息化提升数据共享和业务协同的管理服务能力，及时准确掌握全校的运营情况，加强高校内部控制与管理工作的前瞻性和针对性，做到"用数据说话、用数据管理、用数据决策"，保障学校的健康可持续发展。

（一）平台设计目标

1. 设计理念

十年前，大数据的概念在国内还处于萌芽状，那时的高校财务工作处于会计2.0（电算化）到会计3.0（财务软件管理）的过渡阶段，就像是散落在太平洋上的一座小岛，遵循着核算为主的法则，与其他岛屿隔水相望，孤立无援。十年后的今天，数字经济成为中国经济转型新的增长点，切实影响着生活和生产的每一个角落。大数据概念早已落地开花，它带来的不仅是技术上的革命，更是思维管理方式上的革命。很明显，云计算、物联网、人工智能、区块链等技术经过不断的迭代发展，已经从技术层过渡到经济层，并开始向管理层蔓延。高校作为人才和知识密集区，已经认识到其财务工作应该实现管理思维的创新，向真正的会计

4.0（大数据智能财务）迈进。此时太平洋上的小岛，开始与周围岛屿有了信号通信，面对日益开放的环境，小岛生态有了新的生机。

高校成立大数据平台迫在眉睫，将财务信息数字化，同时融合全校各职能部门的所有业务，让数据成为整个系统中的关键生产要素。传统的财务工作的侧重点比较单一，仅包括固定资产统计、开支账单报销、账款计算、人员工酬支出和资金管理等，而这些交易处理的附加值都普遍偏低；而如今，高校财务的管理重心已经有了明显的变化，倾向于关注附加值更高的业务，如预算分析、税务计算、业务管控、内部审核、风险评估、财务规划等。

在构建高校财务大数据平台的实践中，相关人员可以借助转移旧有观念和核心工作方向，实现从财务核算会计到管理会计的转换，从而逐步建立智能财务模式，这样能够帮助管理者更合理地制定发展决策。从基本设计原则来看，建设大数据平台应该致力于提升系统整体的运作效率，根据高校正常工作和管理的标准化体系，遵循创新服务的基本流程，为管理人员提供科学化、智能化、数据化的决策参考和发展建议，构建一个信息交流化、服务标准化、分享常态化、全面信息化的智能生态体系。

2. 设计原则

信息数据的收集、整理和应用，是高校大数据平台建立的核心。高校财务大数据系统要想体现大数据平台信息化发展的先进性，需要遵循"宏观设计分工合理、数据库对外开放、系统管理安全保密"的原则，满足高校发展优化中不断优化、不断拓展的管理使用需求（表 7-3-1）。

表 7-3-1　财务管理模块优化

业务模块	信息化建设
综合信息查询	院系预算查询、项目经费查询、学生收费管理查询、行政 OA 办公、工资薪金查询等模块
与外部对接	科研对接、人事对接、教务对接、银行收付对接
财务核算	新增网上报销管理模块
全面预算管理	预算执行分析、分级预警、成本核算、绩效评价、决策支持
合同管理	新增合同管理模块
资产管理	完善资产管理模块
工资	优化原有的工资管理模块

（1）平台整体设计分层明确原则。

要获得一个功能性可拓展、包容性大、灵活度高的以大数据为中心的系统平台，必须遵循明确分层的原则。高校大数据平台的建设需包含三层架构：基础设施层、数据层、应用层。其中，基础设施层通过计算设备、操作系统虚拟化平台，连通互联网络，形成云资源空间，为数据中心提供硬件的统一调度引擎；数据层负责解决平台内各方数据的存储、收集、挖掘等处理，同时保证规范，以服务于业务领域的数据共享；应用层，即为嫁接于稳固的数据层之上的能够满足平台多功能运营管理需求的应用程序。

（2）平台数据层的统一性和开放性原则。

对于大数据平台而言，数据层的稳固是最基本的遵循原则，这是打破信息孤岛、实现数据共享的建设源头。数据层的建设要保证两点：统一性和开放性。统一性，即保证数据源头的连通，通过对全校的公共数据进行标准化规范，便于后续与各业务、各职能部门间能够高效通畅地交互；开放性，即保证数据传输通道的连通，表现为数据层的接口化，便于应用层的嫁接，以具备实时信息交互能力，加倍放大数据层的实用效益。

（3）平台数据安全的可靠性原则。

数据安全是平台建设遵守的重要原则，唯有保证平台的数据安全，才能保证平台功能的可用性和准确性，一切才有意义。高校大数据平台中流动着大量的隐私性数据信息，无论是教职工、学生的个人信息，还是教学、科研等相关财务活动信息，一旦被恶意攻击或者泄露，都会造成不可修复的负面影响。为严格遵循数据安全的可靠性原则，需从身份认证、加密、入侵检测、防火墙等技术方面对平台的网络安全、系统安全、应用安全和安全管理制度等进行全方位搭建。

高校大数据平台的建设，也要配套相应的归口管理和统筹机制，平衡数据资源的建设与业务功能的应用的协调一致，以数据为中心，以需求为导向，不断深入拓展应用的广度和深度，注重实效和服务，加强平台的易用性和智能化，丰富高校的管理和服务手段。

（二）平台功能

高校大数据平台应主要包括以下功能模块：

1.平台支撑数据共享和业务协同

大数据平台要实现作业模式的转换，匹配"放管服"政策改革，数据共享和业务协同无疑是必过关卡。所以数据共享能力和业务协同机制是平台建设不可或缺的功能模块，两方面必须并驾齐驱，才能确保平台其他建设任务的顺利落地，这是制约平台扩展性和灵活性的基础。

随着大数据平台的建设和应用，数据将成为高校最具价值的一项新型资产，每一条数据都有"牵一发而动全身"之功效。为实现高校内部数据之间、内部数据和外部数据之间的连通和复用，彻底打破数据隔离的现象，需要做到两方面：一是对数据进行全面标准化处理；二是对数据进行如资产式的编目和接口式共享管理。同时，遵照数据安全的可控可管原则，实现高校数据从获取存储、传递到共享查询、分析处理的整个生命周期的功能管理。

数据和业务就像是血和肉，不可分割。工业时代分工更加精细，但也给协同合作提高了沟通连接成本。现今搭乘智能大数据技术，通过数据信息的即时交互和累积，原本分散于各个部门的业务被集约起来，进行流程优化，从根本上实现了跨部门、跨地域、跨时区业务的一条线操作，充分发挥了承载信息流的业务协同作用。

数据共享和业务协同的实现，顺应了大数据时代财务领域的四大创新思维。当平台数据层具备先进良好的数据基础，能够提供有效的、鲜活的数据共享，而业务部门能够自主定制需要的数据分析，在整个流程中，数据的获取、传递和查看过程，则不再需要其他技术IT人员的参与，既减少了等待数据收集的响应时间，又加快了业务流转实施的效率，整体流程将比现状效率优化数十倍。大数据平台的落成，实现了财务智能化变革，通过云计算、大数据等技术支撑，链接商旅服务、集中采购平台等共享数据信息，同时打通人事、资产、科研、基建等业务协同交互的通道，提升了财务数据信息的可用性。如此一来，大量的财务人员将从繁琐的工作中解脱出来，向着管理咨询的角色转型发展。

2.可视化数据

将数据汇聚在一起，就可能发挥出核聚变般的能量吗？答案是否定的。如同生活可以欺骗你一样，很多时候，即使你手握巨量高质量的数据队列，也依旧不能从中透析出这些数据要表达的本质。因为正常情况下，人脑对数据处于无感应倾向，却对图像有着高度的敏感倾向。可视化成为数据表达最有力的表现形式之一。

大数据平台利用交互式可视化分析等数据挖掘技术，让一些原本扑朔迷离的、横跨时空的、散落各家的数据关联链，瞬间变得清澈见底，实现"所见即所得"，极大地满足了各业务、各职能部门管理层对权限管理范围内的宏观把控需求，同时也提升了决策的精准性和有效性。

3. 监测预测预警系统

高校建设大数据平台的最终目标就是科学地利用财务数据，提高管理层的决策水平。一切方式方法都是为了做出更合理的经济决策。平台必须具备监测预测宏观财务指标数据的功能模块，从原来的事后分析，转变为事前预测、事中干预、事后反馈的全程管理模式。

在健全完善监测预测数据仓库的基础上，充分运用数据挖掘和模型分析技术，将危机数据信息转化为可量化的规范指标值，对其进行加工整理归类，按照严重程度和影响范围划分警报级别，形成具有高校业务特色的财务预警系统机制，实现及时将风险点预警信息反馈到相应的业务、职能部门及管理层，做到监测预警的全面性、及时性和灵活性。

未来的高校大数据平台，将是一套完整的集业务协同、共享服务于一体的财务数据智能化解决方案。通过财务会计系统与业务管理系统（商旅服务、集中采购、税务服务、人事服务、资产管理等）的有机结合，推动高校全面内部控制的实现，这样不仅有利于高校加强整体管控能力，而且有利于构建反腐防范机制。

（三）平台框架设计

1. 平台架构布局

大数据平台的建设，就像为高校量身打造一套智能血管并注入鲜活血液的生物工程。当前，虽然有部分高校已经建成了大数据平台，但随着发展运行的累积，数据量日益庞大，这些海量数据只能做到堆积，最多提供有限的个性化查询，并没有真正发挥它们应有的价值。甚至有些高校的大数据平台存在着数据研究力量分散、各立门户、资源浪费等问题。因此，要实现平台的设计理念和功能，提升科学智能化治校水平，必须由学校层面实施统一筹建，建成大数据平台中心，实行数据全面性的管理和分发，进而盘活数据挖掘的潜在价值，拓展丰富新型功能。

（1）基础设施层。

基础设施层，包括服务器、操作系统和虚拟化软件，云服务和云存储，负载均衡和数据同步等硬件设备。它通过分布式部署，主要以云服务方式提供底层基础环境，由此架构出虚拟化的计算资源、存储资源和网络资源，实现全局统一的资源池，并进行监控和管理。

（2）数据层。

数据层是全平台搭建核心，也是改变现状的破冰点。数据层的搭建包括两部分：基础数据和数据仓库。基础数据的建设基于对高校教学等业务过程的全面分析和了解，实现包含统一数据标准的全校基础公共数据库：用户信息（教师 / 学生的基本信息）、交易信息、项目信息、资产信息、合同信息等以及数据之间的关系规则。数据库的主要特点是数据量庞杂，因此应将通用性和高效性作为永远的性能目标去维护，而数据仓库的建设基于对数据标准化的统一，来完成数据挖掘和分析。

大数据时代，数据量的广度和深度均急速扩张，而且每一种类型的数据都有适用于自身业务的特点和标准。以财务数据为例，财政部制定了《企业会计准则通用分类标准》和《XBRI 技术规范系列国家标准》，数据层要解决的问题就是把内外部要在平台上使用的数据进行统一整理和利用。因此，数据层必须开放 API 接口，满足于和高校各部门间进行数据存储、转换和共享。

（3）服务层。

服务层位于数据层和应用层之间。为了能够顺利对接上层应用层，服务层应提供一些个性需求的基础支撑，包括 Web 服务站群、CA 身份认证和证书管理以及 API 接口。Web 服务站群可以实现单点登录、统一网站管理、统一的界面设计与风格以及一站式受理服务；CA 身份认证和证书管理是确保信息正确、有效地在发送者与接收者之间传播的安全操作；API 接口则是大数据时代一种不可或缺的提供服务的方法，能够快速实现应用程序所需的基底功能调用，形成一个可共享交换的良性生态系统，让数据流动起来，发挥其更大的价值意义，也使得对接的各应用子系统更有生命力。

（4）应用层。

应用层包含高校业务管理涉及的几大系统，主要包括财务系统、人事系统、资产系统、合同系统、项目系统以及其他系统。每个系统均涵盖了各自主流业务功能和交互功能。如此一来，高校运行产生的所有数据均可以被控制在大数据平台之内，能够合理优化、分析、分配数据资源，以适应数字经济发展中的高校管理。同时，大数据平台应用层还包括一些高级功能，如智能审计、财务咨询、数据可视化展示、监测预警、决策推荐等，在满足各职能部门需求的基础上，通过对高质量数据进行分类分析，得到一个全局的大盘数据地图和对应指标，建立诸如"态势感知"等能力数据，为学校管理者和决策者提供多元化的方法支撑。

在整个平台建设中，运维和数据安全保证体系需要面对全平台，渗透到每一个节点。这是一个承载了高校所有用户数据、业务交易信息等敏感度极高的集成系统，因此整个数据链条的私密性和安全性都需要得到专业保障，以最大限度地控制数据被滥用等负面事件风险。

2. 职能架构布局

高校财务大数据平台建设是"一把手"工程，只有单位负责人站在战略和全局的高度亲自组织领导信息系统建设工作，才能统一思想，提高认识，加强协调配合，从而推动信息系统建设在整合资源的前提下高效、协调地推进。高校大数据平台的建设应从上层建筑方面开始设计规划；由学校党委常委统筹成立大数据平台建设小组并担任组长，组员涵盖全校所有的教学、行政、后勤部门。其中，小组办公室设在信息化中心，负责大数据平台的具体实施建设。各教学业务部门和相关行政职能部门的数据均通过信息化中心进行集中收集整理、统一分发连接，通过设置数据交换和共享权限、业务在线审批权限，实现各部门之间的业务协同合作。

除此之外，平台建设小组各层级需对服务用户负责。大数据平台生产数据最终服务于校级领导做总体决策，服务于各级部门领导做部门部署决策，服务于教师即时获取工作信息（教学、项目、薪酬等进度），服务于学生即时获取学业动态信息（课时、成绩、奖学金等），服务于家长获取学生在校情况，服务于社会获取科研成果转化、校企合作等教育资源共享信息。

高校大数据平台的职能架构，是本着适应全局、传达高效、结构扁平的原则设计的，与大数据平台总体架构布局协调一致，满足未来高校快速发展的要求，同时能够清晰权责、灵活变通。以大数据平台为中心，能够共享资源，节省冗余的人力和业务流程，精准解决目前高校大数据建设存在的问题。

3. 数据仓库

数据仓库的概念在 1993 年由比尔·恩门首次提出，数据仓库"是一个面向主题的、集成的、随着时间变化的、非易失性的数据集合，用以支持管理层的决策过程"。它和传统数据库不同，传统数据库偏重于数据的收集、记录等，而数据仓库则偏重于对数据库中历史数据的分析。数字经济时代，通过对数据的自动化处理和分析以满足决策需求，这正是数据仓库相比于传统数据库的优势特点。所以，数据仓库是高校建立大数据中心的关键所在。

数据仓库的工作内容可以分为四个环节：数据源、数据仓库、数据分析与挖掘、前端访问。其中，数据源既包括高校自身的业务系统数据，也包括外部数据。面对不同系统、不同历史时期的数据，必须经过汇总、整理等一系列标准化处理，才可以进入下一环节。可见，数据标准化是许可数据进入数据仓库的必要前提，标准的数据元素和元数据是构成统一数据仓库的基本单元。只有让数据生产方和数据使用方对共需数据的含义、标识有着一致而准确的理解，才能够满足因业务特性不同对共需数据有不同角度、不同功能要求之时，提供最有效的基础数据源。就像只有在纯色底板上才有无数种绚烂的可能性，如果底板本身色彩斑斓，那么可发挥再造空间就很小了。有了这一前提，才能保证数据在数据仓库中产生关联性数据表，形成数据集市，进行后续的分析与挖掘环节，在数据量冗余的环境下，通过有效传递，满足前端用户更多的查询和决策需求。

数据仓库落地于大数据平台的数据层，其数据是动态流动的，是即时交换并回传的。这也是数据仓库为满足大数据平台的需求逐步打通各业务数据之间的鸿沟、对接各子应用系统形成信息通道、实现数据共享和业务协同以及预测预警这一重点诉求的优势特征。在具体操作中，可通过梳理高校业务流程并提取对应的数据元素，获得完整的高校常见业务数据元素目录，而数据仓库的作用就是竭尽所能让这些数据源为之所用。无论是公共数据部分、业务数据部分，还是外界数据部分，数据仓库都可以将这些分散的传统数据库激活、统一，赋能形成可连通的高价值数据，最终将分析结果返回到业务子系统，服务于相应用户。

二、应用子系统设计

高校建立的财务大数据平台不同于一般的信息系统，是对所有财务相关的财务管理系统、资产管理系统、人力资源管理系统、采购管理系统、合同管理系统等几大子系统的业务逻辑、权限分配、数据信息的资源整合，可以直接为高校中长期战略发展目标服务，不仅可以缓解高校日益增长的业务规模、日渐繁复的业务类型与相对滞后的业务管理水平之间的矛盾，还可以满足日益趋紧的上级监管机构的合规性要求，同时能够消除信息孤岛，打破高校各项业务信息之间的壁垒，降低人为操纵因素。

（一）财务管理系统

财务管理子系统由预算管理、会计核算、收支管理三大模块构成，同时它也是平台中与其他业务模块子系统产生业务连接最多的信息系统。

1. 预算管理模块功能设计

预算管理功能主要包括预算制定、预算执行、预算考核、统计与查询四大块。借助大数据时代的科学计算技术，预算管理子系统使高校实施全面预算控制成为可能。

（1）预算制定。

目前高校每年的大预算申报工作大致分为"一上"与"二上"两轮。编制大预算的主要目的是争取教育部的资金支持。由于预算编制工作几乎涉及所有相关部门全员参与，因此每年为编报预算需要耗费大量的人力资源。预算管理引入信息化手段是十分必要的，它可以大幅提升预算编报的效率。

将预算制定囊入大数据平台，使其流程化和信息化，能够解决以下问题：

①传统电子表格统计效率低下。

高校每年的预算申报工作耗时数月，所有部门都要参与其中，而且使用电子表格申报不仅效率低，人工出错概率也高。搭建大数据平台之后，各部门均在统一预算平台上操作，节省了中间使用电子表格反复开展信息沟通与传递的过程；信息系统自动汇总统计比人工汇总统计的效率、准确性都要高很多，工作量的减少可以变相鼓励各部门开展预算申报工作，并使其将精力放在各项预算本身的合理性上，而不是格式调整与信息汇总上；平台系统设计之初带有数据校验功能，可大幅降低出错率。

②预算指标精细化不足，预算难以充分落地施行。

高校校内预算分解不明晰，可能影响未来一年的科研、工程、项目等一列计划安排进行合理实施、执行。预算是学校进行事前、事中、事后监控的有效工具，通过寻找学校经营活动的实际结果与预算的差距，可以迅速地发现问题并及时采取相应的解决措施。通过强化对预算的编制、管理等措施，可以降低、规避、化解风险，并根据预算，对未来一年的支出、项目、计划进行合理有效的监管。如果学校预算指标制定时精细化不足，就会导致各业务部门或附属单位在预算执行过程中难以做到分类分项管控；如果各分类分项的管控力度不足，又将导致整体预算执行偏离原定目标。大数据平台的信息化手段上线后，系统对预算精细化有强制设计，部门申报预算必须足够精细，该预算一旦录入系统就会作为部门花费的卡尺，反向推动各部门重视预算的编制工作。

（2）预算执行。

在预算编制精细度足够的情况下，预算执行工作才会发挥作用。信息系统中设置的预算执行管理功能，主要是对总体或分项预算实施过程进行监控与内部调整，确保预算不脱离实际。

预算执行功能信息化和数据化后，主要解决以下问题：

①弥补预算执行过程中的监管缺失。

部分高校在实际预算执行过程中，只能做到对预算总指标是否超支进行管控。当意识到预算总指标可能要超支时，预算大幅超支的问题往往已经无法控制，只能任由超预算的情况发生。以往由于预算编制指标不准确、不精细，预算执行情况相关信息手动搜集困难等因素限制，高校预算执行监控形同虚设，不能起到实现预算控制的初衷。而预算执行阶段信息化后，预算执行效率、预算控制手段将更为多样化，落地后更有可操作性，预算控制借助系统强制实施，预算执行情况可视化，便于归口管理部门跟踪管理预算各项预算收支是否准确、完整。

②被动预算调整，导致总体预算控制失效。

以往高校预算调整很多都是被动调整，也未履行严格的报批程序。被动调整指预算达到预计总指标前，不存在预算控制；一旦发现预算即将或者已经超过控制指标，后续经营性支出、投资支出又不能停止，例如在建工程停工期间仍要计算成本支出、员工工资等，属于单位刚性支出，在这种背景下，想要降低损失只能被动调整预算支出。而信息系统预算控制上线后，一方面，所有预算调整必须走严格的在线报批程序；另一方面，由于预算指标更加精细化，以往预算频繁串项的情况将大幅减少，分项预算控制将真正发挥控制作用。一旦分项预算控制住了，内外部条件导致预算增加的问题原因在全面预算执行的初期和中期就能被发现，预算控制就能从旧有的被动调整变为主动调整了。

（3）预算考核。

预算考核功能是整个全面预算管理的最后一个环节。预算考核机制的顺利运转，可以盘活整个预算管理过程，使之形成良性的正反馈循环。但需要重点注意的是，预算编制的精细化、准确性、实用性是开展预算考核工作的基石。

预算考核功能的信息化可以解决如下问题：

①预算控制形同虚设，执行效率低下。

制度与系统的执行方是人。即使再好的制度与控制手段，如果没有人去按要求执行，最终也只会沦为摆设，这也是预算管理虽然推进多年，高校预算考核工作却停滞不前的原因之一。预算考核环节信息化后，可以推进预算流程设计执行的有效性，强制相关部门根据系统中的考核指标执行预算考核要求，并反向促进预算编制环节更加高效、准确、精细、可落地执行。

②缺少预算考核体系。

在传统手工预算编制汇总的背景下，预算考核指标的设计、考核信息的整理、考核结果的沟通与下达会耗费大量的人力。考核系统上线后，过程信息与汇总计算都由系统自动生成，考核管理部门可以直接通过系统向被考核单位上传下达考核结果，预算考核操作也就更具有可操作性。

（4）统计与查询。

通过设置统计查询条件，需求人员可以更加便捷地找到所需信息，例如统计历年各分项预算的执行率等，统计结果可以为管理层决策提供参考依据。

统计与查询功能信息化可以解决如下问题：

①手动查找预算相关信息效率低下。

例如，要查询某几个部门某类分项预算各年度执行情况，手动查找需要收集各年度分项电子表格，并手工统计后进行查询操作。统计与查询功能在信息系统上线后，需求人员只需要简单设置查询条件即可一键生成查询结果。信息化统计与查询功能甚至可以满足更复杂的用户需求，这是手工统计效率无法比拟的。

②传统预算管理缺少大数据分析，数据统计结果实用性不强。

传统手工统计一方面受限于预算编制的颗粒度、精确度不够，另一方面手工统计效率不高，不能对复杂统计分析需求做出响应。而统计与查询系统上线后，需求人员可以将更多精力放在数据查询逻辑的组织上，多维度、复杂的统计结果易于实现，统计结果的质量会提高，甚至可以直接为管理层决策提供依据。

2. 会计核算模块功能设计

会计核算功能包括初始设置、凭证处理、账簿管理、报表管理。它是财务管理子系统中最基础同时也是最核心的功能。

（1）初始设置。

初始设置指会计核算初次运行时需要设置的一些基础信息，包含账套设置、时间设置、操作人员设置、会计科目设置、初始余额设置等。

账套设置：系统投入使用时需要新建账套。

时间设置：系统投入使用时需要设置财务开始时间。

操作人员设置：系统管理员设置业务操作人员的权限、密码等信息。

会计科目设置：按照高校会计准则要求，确定会计科目级数、各级代码的长度。

初始余额设置：系统投入运行前输入单位各会计科目的初始余额。

（2）凭证处理。

凭证处理功能包含凭证输入、凭证修改、凭证审核、凭证查询、凭证汇总等。

凭证输入：会计在系统输入原始凭证信息。

凭证修改：会计在审核前直接进行系统凭证修改。审核后如果有修改需求就要重新制作凭证。

凭证审核：审核人员对输入的凭证进行检查，如果无误则签名确认，如果有误则退回。

凭证查询：会计或相关授权人员在系统根据凭证基本信息查询凭证。

凭证汇总：凭证在系统中自动完成汇总。

（3）账簿。

账簿包含日记账、明细账、科目汇总表、总账等。记账凭证经系统分类汇总后，形成日记账、明细账、科目汇总表和总账等。

（4）报表。

报表包括资产负债表、损益表、现金流量表、科目明细表、科目汇总表。系统根据凭证信息，自动生成固化格式后的资产负债表、损益表、现金流量表、科目明细表、科目汇总表等财务报表。财务报表反映的是单位真实的"身体健康指标"，所以它对记账凭证等原始信息的准确性要求很高。

3.收支管理模块功能设计

收支管理包含收入管理和支出管理。收支管理是高校经济活动管控的前线，两个业务模块都直接与资金有关。

（1）收入管理。

收入管理包括学费收入、科研收入、其他经营收入、教育事业收入、应收管理等类型。高校收入的主要来源是财政拨款、学费、住宿费、培训费、不动产对外租金费用、外国留学生学习/交流费用等，而稳定的财务收入是学校日常营运、科研投入、工程项目投资建设的基础保障。这里以学历生收费流程为例供系统设计参考，不同类型的收入由于渠道来源不同，系统流程设计也会有所不同。

收入管理信息化主要可以解决如下问题：

①收费手段单一，收费统计及效率低下。

高校不同于企业，收入来源十分庞杂。以收取学费为例，每年本科生、研究生学费收取工作量十分繁重，每年度单位财务收费窗口都要经历一次全校数万学历生缴纳学费收入的考验，而且学历生学费缴纳的方式也多种多样。针对这类收入，引入信息化手段提升收费管理的效率就显得十分必要。收费管理系统上线后，学历生可以选择线上或线下两种缴费渠道，费用缴纳的方式可以灵活选择现金缴纳、贷款缴纳、第三方支付、银行代扣代缴等，这不仅极大地增加了收入缴纳的便利性，同时也降低了出错的可能性。

②收入统计完整性、及时性不足。

高校由于其自身的业务特点，需签订合同的收入部分，由于涉及合同数量多、类型广，单位难以从整体层面定期统计并掌握各类业务的应收、实收情况。收入管理系统上线后，就可以借助信息化手段统计分析合同信息，定期检查收入金额是否与合同约定相符，对应收未收项目应查明情况，明确责任主体，落实催收责任。

③收入责任追究机制不完善、收入跟踪清缴责任不清。

部分高校尚未建立明确的收入责任追究机制，例如，一些部门存在应收长期挂账无法及时清缴也无人跟催的情况；有些单位未将出租出借收入全部纳入收入预算，造成高校收入收取不足额，对高校造成损失后，也未进行任何责任追究。收入管理系统上线后，强制所有收入合同录入系统，做到收入统一管理、不存在漏项，同时系统按预设信息定期提示收入缴纳情况，对于收入收取存在异常的，系统自动发送通知给各责任部门，要求开展收入跟踪清缴工作。而收入管理工作的在线记录，就可以作为收入责任追究的依据。

（2）支出管理。

支出管理包括工资拨付、资金支付借款管理、费用报销、查询与分析等。高校支出工作的管理对单位的正常运营发展至关重要，一方面，支出控制是否严格直接影响到单位现金流的健康状况，另一方面，高校现金流的健康与否不仅关系到单位的日常营运，更关系到未来高校是否有能力开展新的投资及基础建设工作。

支出管理信息化可以解决如下问题：

①大额资金支付不规范。

部分高校在大额资金支付时，未明确大额资金的定义标准、报批程序，造成资金支付过程的混乱。资金支付环节实现信息化后，在需求设计阶段，高校需要明确各类资金的定义并固化为系统报批程序。

②费用报销业务数量大，效率低。

高校由于规模与体量巨大，每年的报销工作量也十分庞大。传统的线下签批手续不仅操作繁琐，而且报销单据上的签字信息等可能存在识别与篡改的问题。费用报销上线后，所有报销签批都走线上流程，报销人员只需要打印报销单据并附发票后完成投递即可，财务人员在线核对审批信息与纸质版报销材料是否一致，整个报销程序就完成了。信息化使得整个费用报销的效率大幅提升。

（二）资产管理系统

资产类别中的固定资产，具有价值高、使用周期长、存放地点分散、人工管理难度大等特点，以高校现有的人力资源，难以全程参与整个资产的新增、维护、盘点、出租出借、维修、报废等业务周期。目前，部分高校已经引入外部现代化企业成熟的管理理念，对固定资产实行条码化管理，通过跟踪固定资产的条码信息，管控固定资产的整个周期。高校固定资产的规模，也适用于条码管理，目前部分高校已经引入并取得了良好的效果。

上文中已经对高校资产管理信息化建设进行详细描述。这里再从高校大数据平台建立的角度，对系统进行如下功能设计：

资产管理系统的主要生命周期包括合同资产基础信息管理、资产新增管理、资产日常管理、资产退出管理、报表管理。

1. 资产基础信息管理

资产基础信息管理模块包含资产分类设置、固定资产卡片设置、折旧公式设置、信息查询、条码打印等环节。

资产分类设置是指高校按照无形资产、固定资产、不动产等类型在系统中将全校资产进行分类，如有更细化的分类需求也可在设计阶段提出。

固定资产卡片设置要求系统固定资产编号与实物卡片做到一一对应。卡片信息应包含固定资产属性、归口管理部门、使用部门、保管人、保管地点、折旧年限、供应商、入账编号、入账日期、备注等信息。资产管理人员需要为每项资产单独建立固定资产卡片，保证资产账目与实物对应的准确性，固定资产的唯一性、可追溯性。考虑到高校资产管理的特点，建议固定资产卡片设置实行条码化管理。

折旧公式设置功能建议保留，虽然高校暂未开展过折旧操作，但教育部办公厅印发的《教育部直属高校经济活动内部控制指南（试行）》（教财厅〔2016〕2号）已明确要求高校应注意"应计提折旧的固定资产未按规定计提折旧或无形资产未按规定摊销，导致财务信息不真实、不完整"的风险。未来适用于高校的折旧细则推出只是时间问题，高校可以提前在信息系统设计阶段考虑预设此功能。

信息查询功能指需求人员按照资产信息关键字检索资产信息。资产信息化可以提升检索的便捷性、准确性。

条码打印功能指信息系统按照既定规则自动生成条形码，条形码包含所有固定资产的卡片设置信息。固定资产报增环节系统连接打印机打印条形码，然后将条形码贴到实物资产上，作为其账实对应的标签，便于后期跟踪管理。高校的固定资产数量庞大，进行盘点或抽查时，传统的人工识别固定资产编码是否与账目对应的手段、效率和准确率都很低，所以引入条码管理机制十分必要，盘点人员只需使用手持设备扫描固定资产身上的条形码就可以完成盘点操作，极大地提升了资产盘点效率。

2. 资产新增管理

资产新增功能包含资产报赠与资产入账两个环节。资产报增环节由资产管理人员在线操作完成，如果是固定资产报增，系统会自动打印条形码，由资产管理人员贴于固定资产实物上，方便日后追踪；资产入账环节涉及两个账目，一个账目是报增完成后入固定资产台账，另一个账目是通过接口同步更新财务账目。

将资产新增环节在信息系统中固化可以解决如下问题：

（1）固定资产账账、账实不符。

部分高校在固定资产管理工作中仍存在财务账目与资产账目、账目与实物间无法一一对应的情况。这种问题的出现主要是由于部分新增资产在入账后，相关经办人未及时在财务处报销入账导致的，此类入账时间差造成财务账目与资产账目无法做到一一对应。最有效的解决方式就是将财务系统与资产管理系统对接，在资产部门报增入账完成时，财务系统同步进行会计核算。

资产台账与财务账目不能保持实时一致，可能出现已投入使用的资产未计入财务账目或资产账目的情况。由于财务及资产的账目变动频率高，资产及财务资产系统间缺乏联动性，导致学校无法准确掌握该类资产的使用和保管情况。

（2）固定资产建档后识别效率低下。

传统的固定资产建档方式、操作效率及识别效率十分低下。例如，在标签上手写固定资产信息，一方面，手写信息的准确率较低，标签信息可能因为设计原因并不完整，另一方面，手写标签易于篡改，在进行账目与实物检查时需要人工肉眼核验，一旦标签信息填写错误或者核验人员产生疏漏，则很难回头再查找差异原因。考虑到这些因素，信息系统报增建账阶段采用条形码技术就非常合适了。条形码技术具有以下几大优点：①制作简单，普通打印机连接系统就可自动生成。②存储信息量大。条形码内含信息量基本可以覆盖所有资产信息，所需信息也可在系统内进行预设，简单方便。③信息全面且准确率高。条形码所含信息由系统自动生成，省去了人工填写标签的中间环节，所以信息不仅全面而且准确率高。

④识别速度快。通过扫码枪扫描条形码，相比人工检验效率成倍提升，而且被扫描资产信息直接录入系统，省去了人工盘点操作中打印盘点表并完成盘点后再将差异结果录入信息的繁琐操作步骤。⑤推行成本低。条形码技术推广无需采购特许设备，上线后基本不需要大规模专业培训就可上手，整体推行成本较低。

3. 资产日常管理

日常管理包含资产盘点、资产调拨、资产出租出借、资产维修、资产处置等。

（1）资产盘点。

资产盘点功能分为两种：一种是资产使用部门的日常自盘；一种是由资产使用部门配合资产归口管理部门进行的盘点。盘点的频率及范围，各单位有所不同，一般来说，盘点频率至少为每年一次。部分高校由于人力资源限制，每年各资产使用部门会开展一次自盘，由资产归口管理部门组织抽查。

推进资产盘点工作信息化主要可以解决如下问题：

①未定期开展资产盘点。

虽然上级监管机构及高校自有的资产管理制度都会要求其至少每年开展一次资产清查盘点工作，但在实际执行过程中，部分单位的盘点制度形同虚设，有些单位在某些年度甚至没有任何盘点记录，不能证明其真实开展过盘点工作。如果高校不能对资产定期开展有效的清查盘点，就无法保证资产账账、账实相符，出现资产挪用、资产遗失等情况也很难被察觉。而资产盘点信息化后，归口管理部门每年可以通过信息系统正式下达盘点通知，要求各部门自盘或抽盘，督促盘点工作的顺利开展。而且由于信息化后盘点效率大幅提升，开展盘点的可操作性也就更强了。

②盘盈盘亏的账目处理不及时。

部分高校在完成资产清查工作后，在实际盘盈盘亏操作处理中可能并未按以上要求进行账务处理。盘点信息化完成推进后，一方面，系统会强制要求单位对每年盘盈盘亏结果做在线处理；另一方面，财务系统与资产管理系统的联通，使得盘盈盘亏结果出来后，财务账目会做相应的会计处理，反向推动相关部门去调查盘盈盘亏的真实原因并给出处置方案，以便财务做进一步会计处理。

③资产分类不准确。

部分高校曾经将使用软件纳入固定资产科目，商标及著作权等也未被纳入无形资产进行核算。信息系统设计阶段对高校资产会有更明确的分类，系统上线后，单位会根据财务要求，对已有资产进行更合理的重新分类，满足财务合规的同时便于事后开展统计与分析工作。

（2）资产调拨。

资产调拨可以提升单位闲置资产的使用效率，它是资产管理系统中的常用功能之一。

资产调拨信息化可以解决传统手动、纸质调拨单等形式的资产调拨出错率很高的问题。

高校传统的调拨程序中，可能会出现诸如调拨单遗失损毁、实物资产未更换条码信息、未履行任何调拨书面程序即变更了实际使用人员等问题，长时间后可能资产账目有该资产的台账登记信息，但实际上，实物资产去了哪里则很难追溯查证。

信息化手段上线后，所有调拨强制走线上申请，电子版调拨单因包含更多调拨信息，很容易在系统中搜索查询到资产去向，查询人只要任意输入查找调拨单号、调拨时间、调入部门、调入人员、存放地点、经办人员、经办部门、经办时间等信息，就可以及时全面了解所有调拨信息。

（3）资产出租出借。

资产出租出借情况比较复杂，不同类型的资产出租出借流程的差异较大，一般性固定资产出租出借功能即可解决的问题，可以参考资产调拨部分的阐述；不动产的出租出借因涉及不动产的价值评估、第三方评估机构的引入等，线下操作环节较多，线上可以实现进度跟进与公示功能。

固定资产出租出借信息化主要有助于缓解固定资产出租出借后，到期资产及收入无法回收的问题。

在实际执行过程中，高校出租出借的问题主要集中在价值较高的一些固定资产及不动产方面。例如，某些高校存在内外部单位长期占用高校不动产，到期后既不归还使用权也不支付合理租借资金的情况，对单位实际利益造成了长期损害。而出租出借环节的信息化，可以使归口管理部门及时了解哪些资产租借即将到期、哪些资产租借期已过期但使用权或租借资金仍未回收等，从而及时做出应对措施，将单位的损失降至最小。

（4）资产维修。

资产维修的目的是提高资产的使用寿命，在需求人申请维修的过程中，归口部门可选择调配闲置资产基于需求人使用，以间接提升资产的利用效率。

设立在线维修功能可以解决资产缺少维修渠道、旧有资产回收困难等问题。

高校如果缺少固定资产维修渠道，资产使用人员选择长期闲置该资产，重新申请新资产的可能性就很大。而设置在线资产维修申请审批功能，可以为资产使用人员提供明确的维修渠道，也便于用"以新换旧"的方式统一回收受损的资产。

4. 资产退出管理

退出管理功能主要包含资产处置等环节。对于资产来说，有其生命周期。退出意味着资产使用寿命的结束。资产处置环节是对资产退出方式的评价。正常的处置信息包括处置编号、处置原因、处置手段、处置日期、处置价格、处置费用、委托公司、经办人、经办部门、备注等信息。处置环节鉴定完成后有两种处置手段：一种是继续使用，一种是回收残值后报废。走到资产处置环节的资产，一般来说已经达到无法正常使用的状态。

资产处置功能信息化可以解决处置程序不合规、不透明，造成单位经济损失等问题。

部分高校的资产处置申请未经过适当签批，可能存在仍有使用价值或未达到报废年限的资产提前报废的情况，导致资产价值贬损、使用效能低下；部分高校在进行资产处置时，实物与报废资产台账不能一一对应，申请报废处置的目的仅仅是为了资产清查盘点后完成平账，每年资产报废金额巨大，部分清单中所列资产可能并不清楚实际资产去向。

资产退出管理信息化后，精细化资产处置就成为可能。通过推行定期盘点，打通资产与财务系统，确保账账、账实相符，在日常管理中就对申请处置的资产进行逐条检验核对，可以确保处置资产没有遗失，避免私人盗用等情况出现。

5. 报表管理

报表管理功能主要包含报表管理、信息统计与分析模块。报表生成可按照高校自身的需求设计。例如，所呈现的报表可按照部门或资产类型进行分类，每种分类下又可以包括分类明细、资产明细等，也可以按照在用资产明细、调拨资产明细、退出资产明细等更复杂的类别分类呈现。信息统计与分析模块可以根据相关部门更多的自定义需求，在系统中以可视化界面实现多条件复合查询、统计并生成分析结果。报表管理与统计分析结果每年可以年度资产管理情况报告的形式体现，作为管理层决策参考的依据。

报表管理的信息化主要可以解决传统的资产管理模式粗放化，无法做到资产组合的有效配置等问题。

高校资产规模数量庞大，每年新增或处置资产的数量也巨大，资产组合中可能存在大量资产的实际利用效率并不高甚至重复采购的情况。采用报表管理信息化后，通过借助信息系统强大的运算能力，分析人员在有限的时间内就可以对某类资产在各单位、各部门的分配使用情况做出判断，通过各单位、各部门之间的调拨、租借等操作，节省资金成本，提升资产的使用效率。

（三）合同管理系统

合同管理是指高校开展教学、科研及其他活动时，与自然人、法人及其他组织等平等主体之间，设立、变更、终止民事权利义务关系的协议。高校需要根据业务类型、组织机构设置和管理层级安排，建立合同分级管理制度。合同权限管理遵循属于上级管理权限的合同、下级单位不得签署的原则。而对于重大投融资类、科研类、知识产权类、不动产类合同，上级单位需要加强管理而不是放任各部门各管一摊，上级单位也有责任加强对下级单位的合同订立以及对合同实际履行情况进行监督检查。

我国高校的整体业务规模，近年来随着经济、教育的发展，快速地大范围扩张，单位合同不管是在整体数量还是在详细类型上都日益增加。在这样的背景下，作为单位常规经营管理的基础性事项，合同的重要性日益凸显。这样，过去传统的、用来促进合同管理工作效率提升的信息系统，因其简易的思路和结构已经难以实现单位日常合同管理工作的需要，无法应对各类日益多样化、复杂化、深入化的需求。

同时，由于合同管理涉及的业务范围众多，且几乎所有单位开展对外业务合作都需要签订业务合同，因此合同管理水平的高低对单位的重要性不言而喻。可以说，合同管理是高校防范单位对外风险最重要的一道防线。如果高校能够利用信息化手段大幅提升在合同管理业务中的风险防控能力，就能在对外合作中最大限度地保障单位利益不受侵害。

合同管理系统的主要生命周期包括合同模板管理、合同创建与审签、合同履行、合同终结。

1.合同模板管理

合同模板管理是通过对高校所有业务相关合同进行归纳、整理，建立标准合同模板库，由专门的系统管理人员对合同模板进行更新维护，便于合同使用人员直接从系统平台使用标准化合同。

合同模板管理在整个合同管理过程中，属于对合同风险的事前管控措施，结合我国高校合同风险管理的现状，一旦信息化上线，可以极大地缓解或解决如下问题：

（1）合同类型繁多，一级归口管理职责不清，二级归口管理部门众多，导致合同管理工作难度极大。

在实际执行过程中，我国部分高校仍存在合同管理工作没有明确的归口管理部门、归口部门职责权限模糊，甚至应有职责未能切实履行的弊端。模糊的职责权限划分很可能导致相关人员（如合同事务的实际执行人员、负责监督合同履行情况的管理人员）的责任意识薄弱，最终使得整个合同管理体系效率低下，甚至难以维系运行。

在对各高校的实际调研中，我们发现，高校合同涵盖了基建、修缮、固定资产、采购、科研、人力、对外投资等诸多业务领域，不同类别的合同可能又会分散在基建、后勤、固定资产、科研、人事、资产公司等部门实行二级归口管理，很多部门都有一套区别于其他部门的合同管理流程，这就导致各部门在对外签署合同时合同条款差异极大。这种分散管理的模式，不仅加大了合同管理的难度，同时也增加了合同风险出现的概率。而正是由于高校合同类型过于庞杂、合同数量与规模很大、合同二级归口管理部门众多，增加了一级归口管理的难度，很多高校尽管指定了一级归口管理部门，但由于人工手段基本无法实现对每年高校海量合同的日常管理，导致一级归口管理工作形同虚设。

所以引入合同模板信息化管理就显得尤为必要。这样一方面可以大幅度减少各部门合同管理的工作量，简化各部门或学院的合同类型，把人力资源从繁复的合同归纳整理中解放出来；另一方面，标准合同模板可以最大限度地在合同条款层面维护高校自身利益，提升合同条款的审核审批效率，审查人员也可以将精力更多地放在业务合同本身的风险当中。

（2）部门职责存在交叉，导致相同类型业务的合同条款差异极大，不能有效维护高校自身权益。

在实际执行过程中，众多同类业务合同并未形成模板化，部分高校在职能设置上，实际采购权限被分散在各部门、各学院，不同单位签署的采购合同条款差别很大；尽管拥有一级合同归口管理部门，但由于合同物理位置上较分散，一级合同归口管理部门很难对这类合同条款进行有效的审核，部分单位甚至出现了越过一级合同归口管理部门审核签订合同的情况。这类由于职责交叉不清导致的合同风险，可以通过信息化手段建立模板库的方法予以解决。只要是同类型业务，就必须采用系统中已有的该类型合同模板，后续审核过程由于同类业务条款基本一致，可极大地提升流程审核的效率。

2. 合同创建与审签

合同创建与审签管理主要实现合同的起草、审批、修订等功能。各部门经办人在系统中使用合同模板草拟合同文本后履行报批流程，流程审签环节根据各高校职能设置的不同而有所差异，高校也可以按照合同性质、金额大小设计符合自身情况的业务流程。系统中的合同审签流程在设计时会考虑可视化流程，审核跟踪过程及过程中的反馈意见，对各步骤审核环节设置逾期邮件或短信提醒，从而提升整个流程的透明度、时效性。

采用信息化手段固化合同创建与审签的过程可以解决如下问题：

（1）甲方合同乙方起草，导致合同条款对甲方不利。

高校在很多业务合作中都具有甲方议价优势，但是部分高校相关部门在合作过程中并未充分利用甲方优势，所签订合同采用的是乙方提供的模板，一旦甲方对合同条款审核不严格，事后的合同执行将存在很大的隐患。采取信息化手段固化审签流程，一方面可以避免越级审批后再补审核手续的情况出现；另一方面，在系统设计层面，针对部分重大合同，在合同起草阶段强制发起部门使用模板库内的合同模板，可以减少甲方合同乙方起草的情况出现。

（2）不同类型 / 部门合同审签过程存在差异，风险管控水平参差不齐导致合同风险暴露。

由于高校业务类型、部门数量众多，很多单位在合同标准未统一前，合同签批流程差异也较大。例如，有的业务流程中未固化法务财务等审核环节，大量问题合同被执行后，单位面临的法律风险、资金支付风险也随之增加，有些事后爆发的问题合同甚至为高校带来了巨大的声誉、资金损失。而推动采用信息化手段固化合同创建与审签流程，就是对高校整体层面合同相关业务的一次梳理与整合，系统上线后，不同类型／部门合同审签过程中存在的不合理差异将被避免。

（3）部分签署的合同履行相应的审签手续，未取得法人授权，导致问题合同出现。

部分高校由于合同报批程序繁杂，有些业务量大或地理位置较远的二级学院在未取得法人授权的前提下，对外签署合同，此类合同名义上属于无效合同，而一旦发生问题，实际风险还是由高校承担。信息化合同系统上线后，强制要求所有合同必须走线上审批程序，通过在线法人授权后电子签章手段可以规避此类风险。

3. 合同履行

合同履行的功能主要包括合同在执行过程中涉及的进度监控、收付款情况、合同变更、合同中止等。

高校合同履行过程中可能会遇到诸如合同双方当事人不能严格履行合同中约定的义务；合同生效后，合同条款未明确约定的事项没有及时进行协议补充；未能及时发现已经或可能导致高校利益受损情况等问题。一旦履行过程中出现的问题跟进不及时，就可能导致单位陷入法律纠纷，甚至对单位的利益、声誉等造成实质性损害。那么，引入信息化手段，简化问题发现与跟踪程序，提升相关部门对合同履行过程的监督管理效率，就显得十分必要了。

引入信息化手段后，高校各部门合同管理人员可以省去大量手工统计的工作量，将时间与精力从统计过程本身转移到更有意义的统计结果监控上，实时了解海量合同的进展情况、收款与付款进度，也可以在合同执行早期发现问题所在并及时协调与介入，将合同风险化解在可控阶段。

4. 合同终结

合同终结功能主要包括合同归档、合同报表、合同查询、合同分析等。合同终结属于合同管理生命周期的最后一环。其中，合同归档提供在线数据基础；合同报表可以根据各单位的不同需求，可视化呈现不同类别、不同部门合同的签订、执行与收付款情况；合同查询对拥有检索需求的用户十分便利，同类型合同、合同版本变更等信息一目了然；对于拥有个性化需求的用户，合同分析功能可以提供便捷直观的分析结果，以供其决策参考。

（四）其他子系统

1. 采购子系统

采购是指高校利用纳入预算管理的资金购买货物、服务及支付采购款项等相关活动。采购业务流程主要涉及编制需求计划和采购计划、请购、选择供应商、确定采购价格、合同签订、验收、退货、付款、会计控制等环节。其中，采购涉及的对象包括仪器设备、办公用品、工程物资、固定资产、外购服务等。

采购贯穿所有业务模块，既是高校的"实物流"的重要组成部分，又与"资金流"密切关联。采购物资的质量和价格，对供应商的管控，采购合同的订立，物资的运输、验收等，在很大程度上支撑着高校的运营与可持续发展。采购过程虽然看似简单，但其中蕴含的风险却是巨大的。

高校每年采购数量及金额都十分庞大，传统人力手段已经不能满足单位采购管理工作的需要。利用信息化手段，可以大幅提升采购管理工作的效率，同时降低采购管理的相关风险。

2. 科研子系统

科研项目是指高校承担的各级政府项目，以及承接的企事业单位技术开发、技术咨询和服务等科学研究和技术服务项目。科研项目涉及申请、立项、执行、验收、课题结账、成果保护等环节。每年高校科研项目的数量都有很多，所以一般高校都会引入科研项目管理系统对项目进行全程跟踪管理。但目前，部分高校的科研项目管理系统有信息孤岛，在财务、合同、资产等各类系统中尚未实现平台化的互联互通，系统功能也有很大的优化空间。

其实，科研管理涉及的业务范围十分广泛，现有高校的项目管理系统涉及收支的，应与财务管理子系统对接，纳入财务管理预算及收支的范围；涉及采购的，应与单位资产管理子系统对接，实现资产设备的统一规范管理；涉及横向纵向协议签订的，应与合同管理子系统对接，实现高校合同管理的全覆盖。

除以上涉及的科研项目系统应互联互通，消除信息孤岛外，目前高校还应借助信息系统数据建立科研项目的绩效考评体系。

在高校的实际操作过程中，部分单位关于科研绩效奖惩机制的细节规定并不明确，针对横向科研绩效的评价工作并未积极开展，这就有可能导致项目负责人对横向科研项目管理工作并不重视，在科研合同签订规范性、科研预算编制准确性、科研经费调整规范性、科研经费回款及时性等方面都有较大的改善空间。

而在科研系统中新增或优化科研项目的绩效评估体系，一方面可以提升录入系统科研项目信息的准确性；另一方面，以信息系统统计数据为基础开展的绩效激励机制，可以充分激发科研人员的工作热情，鼓励科研人员积极拓展横向项目。

3.人力资源子系统

人力资源对高校的长期发展有着至关重要的作用。如果高校想要实现长期稳定的发展，在完成组织架构、战略规划设计后，就需要关注单位的人力资源制度和机制建设情况。一方面，高校发展战略决定了人力资源政策，另一方面，良好的人力资源政策又对高校发展战略的实现起到了支撑作用。

高校的人员规模数量十分庞大，想要管理好这么多人，高校的信息管理系统至关重要。本次阐述的高校财务大数据平台中的众多子系统，不仅需要打通财务管理的接口，还有一个重要的阶段性目标是打通人员信息及账号体系的接口。一些高校中，很多系统的人员信息、账号体系都是孤立的，一旦高校发生人员调动，原有的人员信息、信息系统账号不能同步更新，对高校开展日常业务管理带来了潜在的风险。

例如，部分单位的人力与财务系统没有对接，工资和奖金由人事部门报送电子表格给财务部门实现工资下发，但因为电子表格存在篡改或填写错误的风险，如果事后人事部门没有严格执行稽核监察环节，那么工资发放的可靠性就会存疑。通过人力与财务系统的对接，这个风险就可以被规避。人力系统拥有的单位人员信息是唯一的，财务部门只需要根据人力系统中的人员发放清单发放工资就可以，对于工资发放是否准确，稽核会计会审核发放数额与系统人员发放清单。而如果是被篡改的电子表格，由于稽核会计并不掌握单位最准确的人员信息，这个风险就有可能不被及时发现。

所以，在高校财务大数据平台建设中融入人力资源子系统是十分必要的，它可以协助消除高校人员信息及账号体系的壁垒。

4.校园一卡通系统

校园一卡通系统和上述子系统的不同之处是本身校园一卡通就是一个完整的系统，系统的功能不仅包含金融支付等财务管理功能，还包括身份识别、成绩管理等各种功能，因此校园一卡通系统和财务系统是对接的关系。

（1）一卡通系统构造。

智慧校园一卡通系统架构共有4层，基于B/S服务模式，从底层向上排列，分别是物理层、数据层、中间件层、应用层（图7-3-1）。

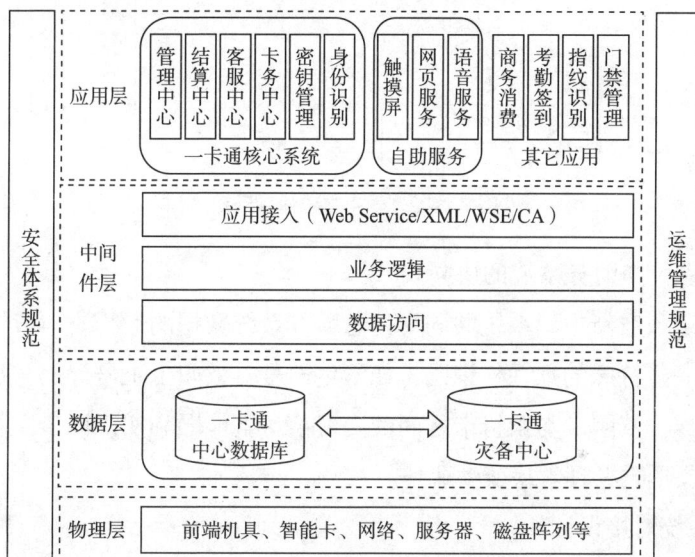

图7-3-1 一卡通系统架构

（2）一卡通系统对接指标。

因为一卡通和财务管理系统直接关联，所以在构建时，需要确定数据交换协议、数据交换中心接口、交换流程等，并解决客户端代理问题，连接各个子系统，让智慧校园平台中的每一个用户都能够实现多方面的数据共享。

①交费类别。

智慧校园系统能够实现若干种交费方式，大致可分为批量交费、人工交费、自助交费、网上交费4种。

②学生交费。

在智慧校园系统中，无论师生还是其他校内人员，交费的流程都基本一致。

这里展示的是学生交费业务的基本流程（图7-3-2）。

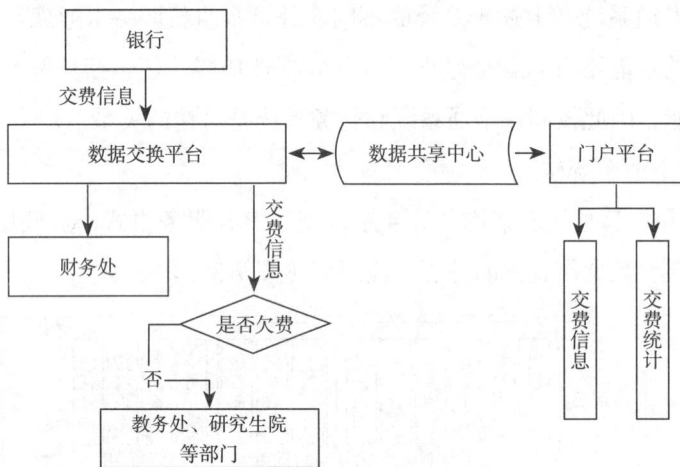

图 7-3-2   学生交费程序示意

③教务系统与财务系统的协同。

教务系统和迎新报到系统共同支持着财务系统数据的运行。一般情况下，校园卡会通过一些特殊的唯一标识码（如学生学号、教职工工号等）与指定的银行卡绑定。这样，校园卡与银行卡之间的交费信息就能顺利实现同步，管理人员还可以通过公文形式办理学籍变动业务。

（3）系统对接设计。

①接口要求。

在智慧校园的财务管理系统中，主要有收费、数据交换2种接口实现方式。其中，前者可按照交费方式的区别分为脱网收费、联网收费、批量收费和自助终端收费4种；后者则能够通过报文交换（借助网上查询、电话语音咨询、访问自助终端之类的方式，协助智慧校园系统查询财务交费相关的状况，从而在财务系统与校内其他系统以及银行之间完成数据沟通）或卡数据交换（借助调用智慧校园一卡通系统的中心数据库，财务管理系统能够即时获取任意卡片上的数据）的方式，达到结合的目的，从而在一卡通系统和财务管理系统之间建立精准的对接。

②接口类型。

接口包括物理接口（网络设备、机具等硬件设备互联接口）和逻辑接口两大类，后者又可分为若干种类型（表7-3-2）。

表 7-3-2　逻辑接口分类

接口名称	功能描述
通信接口	各子系统之间采用统一的通信规程和规范，使系统各组成部分在通信机制上可相互对接，便于子系统独立开发和系统的扩展
交易数据接口	包括各类卡片交易的数据规范，如商务消费、充值退资、资费结算、退卡交易等，接口规范应具备扩展能力，适应不同应用行业的特有数据要求
对账数据接口	指一卡通系统与各接入单位系统之间的数据对账规范，主要包括对账规则、对账范围确定、对账数据内容规范
参数数据接口	由一卡通中心统一定义，并下发到接入单位系统、前端机具的参数内容，如黑名单数据、票价规则、充值设备控制参数等
划账数据接口	在一卡通中心与结算银行通过系统划账文件进行转账时，需要制定划账数据接口，支持批量交易划账、单个交易划账

从表 7-3-2 的说明内容来看，逻辑接口主要包括中间件层接口、应用层接口。

参考文献

[1] 索金龙，申昉 . 高校财务管理技术创新研究 [M]. 北京：北京工业大学出版社，2020.

[2] 吕素昌，孙永杰，徐娜娜 . 高校财务管理绩效评价研究 [M]. 北京：北京工业大学出版社，2020.

[3] 宋振水 . "互联网 +" 视域下的高校财务管理创新研究 [M]. 西安：陕西科学技术出版社，2022.

[4] 刘芬芳，梁婷 . 新时期高校财务管理问题研究 [M]. 太原：山西经济出版社，2019.

[5] 金贵娥 . 民办高校财务管理研究 [M]. 武汉：华中科技大学出版社，2017.

[6] 邹娅玲，肖梅崚 . 财务管理 [M]. 重庆：重庆大学出版社，2021.

[7] 金云美 . 高校财务管理与控制 [M]. 北京：中国经济出版社，2012.

[8] 李长山 . 现阶段我国高校财务管理的若干问题研究 [M]. 北京：北京理工大学出版社，2017.

[9] 方芸 . 高校财务风险预警与防范策略研究 基于内部控制视角 [M]. 北京：知识产权出版社，2017.

[10] 张继林 . 地方高校扩张财务风险与控制 [M]. 北京：中央民族大学出版社，2008.

[11] 刘晓华，彭佳 . 预算管理一体化背景下高校财务管理转型研究 [J]. 教育财会研究，2022，33（05）：43-48.

[12] 张弛 . 大数据时代高校财务管理信息化系统研究 [J]. 中国乡镇企业会计，2022（10）：180-182.

[13] 李秋萍 . 高校财务管理服务职能定位研究 [J]. 行政事业资产与财务，2022（13）：91-93.

[14] 陈文东 . 政府会计制度下高校财务管理的转型分析 [J]. 老字号品牌营销，

2022（03）：40-42.

[15] 郭珊珊.全面预算管理在高校财务管理中的应用 [J].财会学习，2021（36）：34-36.

[16] 包仁杰.高校财务管理信息化建设研究 [J].上海商业，2021（12）：60-61.

[17] 王鹏，耿彦军，黄秋玉.新形势下高校财务管理面临的挑战与对策研究 [J].教育财会研究，2021，32（04）：11-15.

[18] 王官禄.高校资产管理与财务管理融合的实践思考 [J].会计之友，2020（20）：100-104.

[19] 蒋莉平.财务共享服务在高校财务管理中的应用 [J].西南林业大学学报（社会科学），2018，2（05）：17-21.

[20] 黄韬.高校财务管理内部控制的探讨 [J].中央财经大学学报，2015（S2）：55-62.

[21] 谢小乐.高校财务管理信息化建设研究 [D].南昌：江西财经大学，2021.

[22] 陈婧姝.高校智能财务管理系统构建研究 [D].长沙：中南林业科技大学，2021.

[23] 张海燕.基于业财融合的高校财务管理流程优化研究 [D].石家庄：河北地质大学，2019.

[24] 王显.高校财务报销流程的优化研究 [D].长春：吉林大学，2018.

[25] 李宛融.论数字化时代高校财务管理信息化 [D].哈尔滨：哈尔滨师范大学，2017.

[26] 林霞.地方性高校科研经费管理体制研究 [D].苏州：苏州大学，2017.

[27] 王洛.高校财务管理模式研究 [D].大连：大连理工大学，2014.

[28] 李敏.河南省高校财务管理绩效评价研究 [D].咸阳：西北农林科技大学，2014.

[29] 高巧雯.高校财务管理信息系统的设计与实现 [D].厦门：厦门大学，2014.

[30] 杜秦汉.基于绩效预算的高校预算管理模式探讨 [D].成都：西南财经大学，2013.